매출 올리는
실전 인스타그램 마케팅

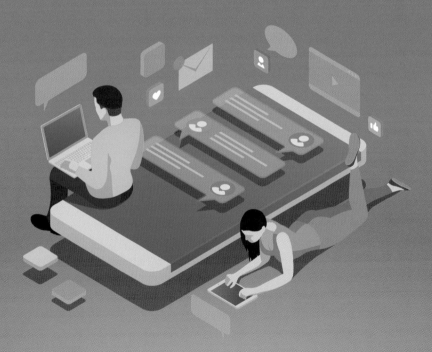

Instagram

필자는 대학 졸업 후 여느 평범한 직장에 다니는 일반 직장인이었습니다. 매번 반복되는 똑같은 업무에 지쳤을 무렵, '더 늦기 전에 나도 창업이란 걸 한번 해보자!'라는 생각에 적은 자본으로도 쉽게 도전할 수 있는 온라인 쇼핑몰 사업에 뛰어들었습니다.

하지만 쇼핑몰 제작의 기본이라 할 수 있는 상세 페이지 제작은 물론, 간단한 디자인 작업 조차 제대로 할 줄 모르는 무지한 상태에서 시작했던 터라 쇼핑몰이 잘 될 리가 없었습니다. 그래서 약 3개월간 간단한 디자인 작업과 온라인 마케팅에 대해 공부했습니다. 그 후 당시 유행했던 SNS 채널 중 하나인 블로그 마케팅을 시작했고, 쇼핑몰로 많은 고객을 유입시키는 데 성공해 처음으로 억대 매출을 달성하게 되었습니다.

이는 필자에게 온라인 마케팅의 중요성을 깨닫게 되는 중요한 계기가 됐습니다. 그러다 주변 지인으로부터 강의 추천을 받아 마케팅 강의를 시작하게 됐고, 어느덧 블로그, 인스타그램 등 온라인 마케팅 광고를 대행해주는 회사로 발돋움하게 되었습니다.

필자는 특정 브랜드를 약 7개월 동안 인스타그램으로만 홍보해 매출 증대와 함께 추가 가맹점을 오픈하게 되는 좋은 결과를 경험한 바 있습니다. 광고비 한 푼 들이지 않고 순전히 인스타그램 마케팅만으로 얻은 성과이기에, 필자만의 마케팅 노하우와 전략을 쌓을 수 있었습니다. 이러한 필자의 전략들을 인스타그램 마케팅을 시작해보고자 하는 분들과 공유하고자 이 책을 집필하게 되었습니다.

이 책은 누구나 쉽게 인스타그램 마케팅을 시작할 수 있도록 구성돼 있습니다. 자칫 인스타그램의 단순한 기능이 가져올 수 있는 단조로운 사용 설명에서 벗어나, 세 가지 마케팅 전략을 제시하며 보다 좋은 성과를 얻을 수 있는 마케팅 노하우를 소개하고 있습니다.

거시적 관점에서 바라본 온라인 마케팅의 역할부터 SNS 채널별 특장점을 소개하고 있으며, 해시태그를 비롯해 공감, 댓글, DM, 리그램을 마케팅에 어떻게 활용하면 좋을지 그 전략들을 담아내고 있습니다. 또한 독자분들의 브랜드(상품/서비스)는 어떠한 방향으로 인스타그램 마케팅을 진행해야 하는지 타깃팅부터 브랜딩까지 확실한 전략들을 제시하고 있습니다.

저자 | **최 낙 훈**

매출 올리는
실전 인스타그램 마케팅

매출 올리는
실전 인스타그램 마케팅

초판 1쇄 인쇄 ㅣ 2019년 1월 2일
초판 1쇄 발행 ㅣ 2019년 1월 2일

지은이 ㅣ 최낙훈
펴낸이 ㅣ 안대현
디자인 ㅣ 부성
펴낸곳 ㅣ 도서출판 풀잎
등　록 ㅣ 제2-4858호
주　소 ㅣ 서울시 중구 필동로 8길 61-16
전　화 ㅣ 02-2274-5445/6
팩　스 ㅣ 02-2268-3773

ISBN　979-11-85186-67-2　13320

• 이 도서의 국립중앙도서관 출판예정도서목록(CIP)은 서지정보유통지원시스템 홈페이지
　(http://seoji.nl.go.kr)와 국가자료공동목록시스템(http://www.nl.go.kr/kolisnet)에서
　이용하실 수 있습니다. (CIP제어번호 : CIP2018041687)

Part 1.
마케팅 입문

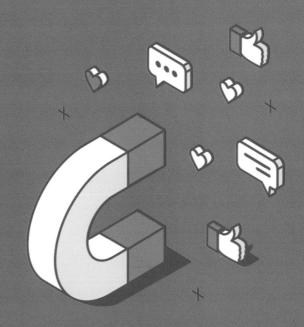

1. 광고와 홍보의 차이

광고와 홍보의 차이

광고와 홍보의 차이를 명확히 아는 사람은 드물다. 그러나 마케터라면 광고와 홍보의 차이를 분명히 구분할 줄 알아야 한다. 개인적으로 광고와 홍보는 마케팅이라는 범주 내에서 같은 수준의 카테고리라 생각한다. 그러나 이 둘은 그 '목적'에 차이가 있다. 광고의 목적은 판매를 촉진시키는 데 있는 반면, 홍보의 목적은 불특정 다수에게 브랜드를 알리고 사랑하게 만드는 데 있다.

광고의 목적

광고의 목적은 판매촉진이다. 즉, 광고를 통해 제품을 인지한 순간, 구매로 이어지게 하는 것이 목적이다. 그렇기에 광고는 바로 구매로 이어질 가능성이 높은 소비자들, 즉 목표 타깃을 명확하게 선정해 그들의 니즈를 공략할 수 있는 광고 활동을 진행한다.

홍보의 목적

홍보는 Public Relations, 즉 PR이라고 한다. 홍보라는 단어 자체의 뜻에서도 알 수 있듯이, 홍보의 목적은 브랜드와 대중의 관계를 향상시켜 다수의 대중들이 브랜드에 대해 긍정적인 이미지를 갖게 하는 것이다.

세계적인 브랜드 '아디다스'는 유럽 주요 도시의 중심부에서 농구 경기를 하며 라이브 공연도 관람할 수 있는 '길거리농구대회'를 열었다. 많은 일반인들이 행사에 참여했는데, 직접 농구를 하거나 경기에 참여하지 않는 사람들은 라이브 공연을 즐겼다. 이 행사 자체가 아디다스에게 급격한 매출 성장을 가져다 준 것은 아니지만, 아디다스 브랜드를 알리는 데 중요한 역할을 했다.

또한 아시아나항공과 LG는 각각 '드림윙즈', '글로벌챌린저'라는 이름으로, 매년 대학생을 대상으로 해외탐방 기회를 제공하는 프로그램을 운영 중이다. 이렇게 다양한 사회공헌 활동을 펼치면서 일반 대중들에게 아시아나항공과 LG에 대해 호의적인 인식을 갖게 했다.

홍보의 성과는 판매로의 전환에 있는 것이 아니라, 브랜드 메시지를 불특정 다수의 사람들에게 전파시키고 좋은 이미지를 심어주는 데 있다. 그런 점에서 위 프로그램들은 모두 기업의 홍보 성과를 높인 성공적인 활동들이라 할 수 있다. 여기서 한정된 타깃을 대상으로 하는 광고와 달리 일반 대중, 즉 구매를 하지 않을 사람들에게도 브랜드를 알리는 이유는 간단하다. 바로 기억되기 위해서다. 사회적 공헌으로 뉴스거리가 되어 알려지면 다양한 대중에게 기억되는데, 사랑 받는 브랜드일수록 그만큼 오래 기억될 것이기 때문이다.

2. 오프라인 마케팅 효과

　필자는 모든 홍보 수단 중에서 입소문보다 강력한 것은 없다고 생각한다. 이는 어떠한 홍보 활동 없이도 오랜 기간 기업이나 가게를 운영해온 곳을 보면 알 수 있다. 하지만 지금 막 사업을 시작한 경우, 입소문만으로 자신의 상품과 서비스를 알리기란 참으로 어려운 일이다. 그래서 대부분 광고 및 홍보를 통해 이러한 문제를 해결하는 것이다.

　광고와 홍보를 시작하기에 앞서, 마케팅의 종류, 소요되는 비용, 그리고 각 홍보 매체들의 특장점, 효과를 분석해야 한다. 먼저 오프라인 마케팅은 전단지, 신문 삽지 광고, 간판, 현수막, 각종 배너, 강의 그리고 가장 확실한 효과를 기대할 수 있는 입소문 등으로 분류할 수 있다.

　이 중 대부분의 기업들이 진행하고 있는 전단지 배포 및 신문 삽지의 광고 효과를 살펴보겠다. 필자의 지인 중 한 명인 경기도 안산지역의 한 학원 원장은 과거 학원을 홍보하기 위해 신문 삽지 광고를 여러 차례 진행했다. 광고 비용은 10만 장에 500~600만 원 정도 들었다.

비용 부담도 크지만, 사실 더 큰 문제는 바로 구매전환율 ^{노출 수 대비 구} ^{매로 전환된 건수의 백분율} 이 0.003%라는 점이다.

지역별, 업종별로 다소 차이가 있겠지만, 이 결과만 놓고 보면 오프라인보다 온라인 광고홍보에 비용을 지출하는 게 더 이득이라는 점을 가늠해볼 수 있을 것이다. 물론 가용자금이 넉넉하다면 온오프라인을 모두 활용해 홍보하는 것이 좋다. 하지만 매달 한정된 홍보비 안에서 사업을 운영해야 하는 경우라면 가성비가 좋은 SNS 마케팅을 추천하고 싶다.

3. 온라인 마케팅 효과

   온라인 마케팅은 인터넷에서 이뤄지는 마케팅을 말한다. 시간적, 공간적 제약을 해소해주는 온라인의 영역이 확대되면서, 온라인을 바탕으로 한 홍보 채널 및 방법들이 계속 늘어나고 있다. 다양한 온라인 마케팅 종류를 비교해보고 자신에게 적합한 마케팅 매체를 찾아보자.

키워드 광고

   키워드 광고는 CPC ^{Cost Per Click의 약자로, 클릭당 광고비가 지출됨. 광고주들의 실시간 경쟁입찰로 순위가 정해지며 네이버 클릭초이스, 다음 클릭스 등이 대표적인 CPC 서비스에 해당됨} 광고라고도 한다. 기본적으로 기업 홈페이지, 쇼핑몰 또는 소개하고 싶은 상품 페이지를 검색 사이트 상위에 노출시키는 방법이다. 예를 들면 구글의 애드워즈 ^{Adwords}, 네이버 파워스폰서 링크 등이 이에 해당한다.

   키워드 광고 순위는 실시간 키워드별 경쟁입찰로 정해지며, 온라인을 통해 빠른 시간 안에 많은 이들에게 노출 ^{상품이 네이버나 다음 같은 포털 사이트에 보여지는 것} 시킬 수 있다는 것이 가장 큰 장점이다. 반면 지속적으로 경쟁입찰을 통해 순위 싸움을 해야 하는 번거로움이 있으며, 업종별 주요 키워드들은 입찰 단가가 매우 높아 광고주에게 부담이 될 수 있다.

언론홍보 마케팅

언론홍보 마케팅의 장점은 소비자에게 긍정적인 인식을 심어줄 수 있다는 것이다. 사람들은 일반적으로 언론 매체를 통해 많은 정보를 접하게 된다. 이 과정에서 정보와 함께 광고주의 상품 및 서비스에 대한 직간접적인 홍보가 이뤄진다. 여러 언론매체를 통해 반복적으로 브랜드를 접하게 되면 상품이나 서비스 및 브랜드에 대한 신뢰와 긍정적인 이미지를 갖게 된다. 이는 추후 자연스럽게 구매로 연결시키는 잠재적 효과를 지닌다.

SNS 마케팅

SNS Social Network Service의 줄임말로, 온라인 상에서 여러 사람들과 관계를 맺을 수 있는 사회적 관계망 서비스 마케팅은 기존 언론, 방송 등과 같은 대중매체를 이용하는 광고 및 홍보와 달리, 사용자간 소통이 가능한 온라인 기반 사회적 관계망 서비스를 통해 실시되는 마케팅이다. SNS 사용자들이 자발적으로 블로그, 페이스북, 인스타그램, 트위터 등을 통해 상품 및 서비스에 직간접적으로 개입, 홍보와 정보 전달의 역할을 수행하기도 한다. 또한 유명 인사들을 '팔로우' 함으로써 그들의 최근 근황을 살펴볼 수 있는 것도 큰 특징 중 하나다.

마케팅적 측면에서는 고객이 자발적으로 상품과 서비스를 홍보해주기 때문에 효과가 높은 채널 중 하나라고 할 수 있다.

Part 2.
성공사례로 보는
SNS 채널별 마케팅 기법

1. 인스타그램 마케팅

인스타그램은 2010년 10월 '세상의 순간들을 포착하고 공유한다'는 슬로건을 내걸고 시작됐다. 한국어 서비스를 시작한 것은 2012년 2월이다. 그 후 인스타그램은 국내에서 젊은 층을 중심으로 폭발적인 성장을 이뤘다.

인스타그램, 직접적 매출은 안 되더라도 간접적 매출은 일으킨다

인스타그램은 매출을 직접적으로 발생시키는 마케팅 채널은 아니다. 그러나 매출에 미치는 간접적 효과는 엄청나다.

다음 그래프는 글로벌 소셜 플랫폼 실사용 증감률을 보여주는 것이다. 페이스북의 실사용은 3% 감소한 데에 반해, 인스타그램은 23% 증가했다. 이는 현재 인스타그램이 '활발하고', '빠르게' 성장하고 있는 SNS 매체라는 것을 보여준다. 그렇기에 인스타그램 채널을 잘만 활용하면 차곡차곡 팬층을 늘려 간접적인 매출 효과뿐 아니라, 브랜드의 신뢰도 및 충성도를 높일 수 있다.

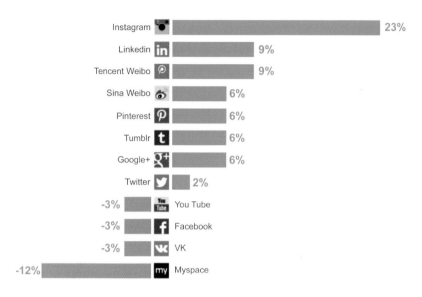

글로벌 소셜 플랫폼 실사용 증감률(2013. 02~04)
자료 | 글로벌웹인덱스

인스타그램의 차별화, 현실이 아닌 환상을 담다

인스타그램은 다른 SNS 채널과 달리 제한된다는 특징이 있다. '포스팅'을 할 때 한 장의 정사각형 혹은 직사각형 이미지 안에 담아내야 하기 때문이다. 사람들은 이 조그마한 사각 틀에 현실이 아닌 자신이 꿈꾸는 환상을 담아내며 행복을 느끼기 시작했다. 그렇기에 SNS 상에서 타인들에게 있어 보이게 하는 능력을 뜻하는, '있어 보인다'와 '어빌리티 Ability, 능력 '을 합친 '있어빌리티'라는 신조어가 유행하기도 했다.

인스타그램의 숨겨진 진실
자료| 태국 작가 '촘푸 바리톤'의 페이스북

그런 와중에 오로지 사진에만 집중하는 인스타그램은 우리들을 열광
시키기에 충분했다. 인스타그램에서 텍스트는 오로지 캡션 표제, 제목, 헤
드라인, 타이틀 헤딩(heading) 등의 자의(字義)를 확대해, 사진 혹은 일러스트레이션에서 본문과
별도로 붙이는 간단한 설명문을 말함 이나 댓글로만 존재한다.

인스타그램은 시각에 기반을 둔 플랫폼이기 때문에 뉴스와 같은 정
보를 전달하는 데는 적합하지 않다. 하지만 동시에 이는 다른 소셜 네
트워크보다 덜 피로하다는 장점으로 작용했다. 그러면서도 과시욕이라
는 개인의 욕망을 긴 글 없이 사진으로 충족시킬 수 있어 젊은 이용자
들에게 더욱 매력적으로 느껴진 것이다.

참여형 마케팅으로 팬을 조련하는 '스타벅스'의 인스타그램 마케팅

스타벅스는 꾸준히 많은 소비자들에게 사랑 받는 브랜드로 두터운 팬층을 보유하고 있다. 640만 명의 팔로어를 보유하고 있는 스타벅스는 인스타그램을 통해 다양한 이벤트와 마케팅을 펼치고 있다.

사례① #WhiteCupContest 캠페인

2014년 4월 스타벅스는 매장에서 제공하는 테이크 아웃용 흰색 컵을 멋지게 꾸며, '#WhiteCupContest'라는 해시태그 특정 단어 앞에 '#' 기호를 붙여 식별을 용이하게 하는 메타 데이터 태그의 형태. 이 태그를 붙인 단어는 소셜 네트워크 서비스에서 편리하게 검색이 가능 를 달아 인스타그램에 올리는 콘테스트를 개최했다. 본 캠페인은 3주 만에 4,000명 이상의 참가자를 불러 모았으며, 우승자의 디자인은 실제 컵으로 제작돼 한정판으로 매장에서 판매되었다.

#WhiteCupContest 캠페인은 스타벅스 팬들이 자발적으로 창의적인 콘텐츠를 생산해 참여하도록 유도해 팬심을 더욱 견고하게 만들었다. 뿐만 아니라, 스타벅스가 일회용품을 줄이고 환경보호에 이바지한다는 인식도 심어주었다.

스타벅스의 #WhiteCupContest 캠페인 사례①

스타벅스의 #WhiteCupContest 캠페인 사례②

사례② #WhereInTheWorld 캠페인

2008년 스타벅스는 '#WhereInTheWorld'라는 해시태그를 사용한 캠페인으로 팬들을 다시 한 번 열광시켰다. #WhereInTheWorld 캠페인은 소비자들이 자신이 방문한 스타벅스 매장 내부 사진을 촬영해 올린 뒤 #WhereInTheWorld 해시태그를 달면, 팔로어들이 이 스타벅스 매장이 어느 국가의 어느 지역 매장인지를 맞추는 것이다. 이후 스타벅스 공식 계정에는 사진과 함께 'Answer: 국가, 지역'이 어딘지 공개하는 게시글이 올라온다.

스타벅스의 #WhereInTheWorld 캠페인 사례①

스타벅스의 #WhereInTheWorld 캠페인 사례②

스타벅스는 지역마다 매장의 분위기가 조금씩 다른데, 이 캠페인을 통해 가보지 못한 지역의 이색적인 매장 분위기를 공유할 수 있었다. 또한 다국적 기업인 스타벅스의 위용을 과시하는 계기가 되기도 했다.

스타벅스의 인스타그램 마케팅 전략의 포인트는 '참여'에 있다. 스타벅스가 주제를 던지면, 이를 가지고 팬들은 알아서 재미있는 콘텐츠를 생산하며 스타벅스와 소통했다. 이렇게 스타벅스는 인스타그램에서 참여를 이끄는 창의적인 이벤트로 팬들을 조련하며 훌륭한 인스타그램 마케팅의 교본이 되었다.

성공한 인스타그램 마케팅의 특징

그렇다면 스타벅스처럼 좋은 성과를 올린 인스타그램 마케팅의 특징은 무엇일까. 인스타그램에서는 글보다 한 컷의 이미지로 승부해야 하는 만큼, 어떠한 사진을 담아내는가가 중요하다.

TIP

제품을 직접적으로 광고하기보다 이를 일상 속에서 자연스럽게 녹여낸 사진들이 올라오게 해야 한다.

2. 블로그 마케팅

블로그는 '웹 Web'과 '로그 Log'의 합성어로, 웹에 기록하는 일지라는 뜻이다. 한국에서는 네이버 블로그, 다음 블로그(티스토리)가 대중적으로 많이 사용되고 있다. 블로그는 운영자의 관심사에 대한 글, 사진, 영상들을 자유롭게 올릴 수 있을 뿐 아니라, 기업의 마케팅 채널로도 활용된다.

블로그는 키워드 검색을 기반으로 포털 사이트에 노출이 되기 때문에, 해당 키워드에 관심이 있는 사람들이 볼 확률이 높다는 것이 특징이다. 또한 한 번 작성한 포스트는 오랜 시간이 지나도 검색되는 경우가 많아 접근성이 매우 높다. 이 점을 활용해 브랜드 및 상품 홍보에 블로그 채널이 이용되고 있다. 그러나 점점 다양한 SNS 채널들이 등장하면서 블로그 활용도는 점차 줄어들고 있다.

블로그 마케팅으로 브랜딩과 매출 증대를 동시에!

필자가 직접 블로그 마케팅을 진행하고 있는 회사 '데오럭스 교육그룹'의 사례를 한번 살펴보자. 이 회사는 대입 컨설팅을 전문으로 진행하는 곳이다. 이 회사의 경우 간략히 SWOT 분석을 해보았을 때, 인지도가 부족한 것이 약점이었지만 좋은 입시 성과를 보유하고 있는 것이 장점이었다. 그래서 상품 구매고객인 학부모들이 많이 찾는 채널(블로그)에 사례 위주로 블로그 마케팅을 기획해 진행했다.

데오럭스 교육그룹의 블로그 마케팅 사례①

데오럭스 교육그룹이 진행한 블로그 마케팅의 목표는 입시 컨설팅 관련 키워드들로 블로그 카테고리의 상위에 노출시켜 상품과 기업을 홍보하는 것이다. 그리고 그를 통해 자연스럽게 문의로 유도하는 것이었다. 지속적인 피드백과 관리를 통해 입시 컨설팅 관련 키워드들을 선점하게 되었는데, 상위에 노출됨은 물론 전문적인 입시 자료들을 많이 축적해놓은 덕분에 이용자들로부터 신뢰를 얻을 수 있었다. 이는 자연스럽게 데오럭스 교육그룹에 컨설팅을 의뢰하게 하는 밑거름이 되었다.

블로그 마케팅을 시작하기 전 데오럭스 교육그룹은 지인 소개를 통해 대입 컨설팅을 진행해왔다. 하지만 블로그 마케팅이 잘 운영되고 있는 현재는 전국 각지에서 문의가 증가하면서 실질적인 컨설팅 서비스 구매로 전환되고 있다.

블로그 마케팅의 금전적 효과

블로그의 상위 노출은 마케팅 측면에서 단순히 브랜딩과 매출 증대로 연결된다는 점 외에 홍보 비용 절감 효과도 가져다 준다. 이를 설명하기 위해 키워드 광고 기능인 '파워링크'와 비교해보겠다. 파워링크는 CPC 광고로, 검색 시 최상단 카테고리에 보여지는 항목이다. 파워링크 순위는 광고주들간에 실시간 입찰로 선정되기 때문에 키워드별 금액이 시즌별 또는 시간대별로 크게 달라지기도 한다.

필자는 블로그 마케팅을 진행할 때 검색광고 시스템을 통해 분야별 키워드 금액을 알아본 뒤, 보다 경쟁이 치열한 키워드를 선점하려고 노력한다.

데오럭스 교육그룹의 블로그 마케팅 사례②

데오럭스 교육그룹 블로그 마케팅의 경우도 마찬가지였다. 왼쪽 사진과 같이 '학생부종합전형'이라는 키워드로 2위에 노출시켰을 당시, 해당 키워드의 모바일 1위 키워드 기준 광고비는 클릭당 2만 1,610원이었다. 부가세를 포함하면 2만 3,771원이다. 이 키워드를 한 번 클릭할 때마다 세 명의 식사비용이 지출되는 것과 다름없다.

데오럭스 교육그룹의 블로그 마케팅 사례③

이번에는 다른 키워드인 '대입컨설팅'으로 찾아보자. 이 키워드 또한 1위 기준으로 1회 클릭당 검색광고 비용이 약 2만 1,960원이다. 부가세를 포함하면 2만 4,156원의 비용이 한 번 클릭될 때마다 지출된다. 큰 규모의 회사가 아니라면 이러한 막대한 키워드 광고비용을 감당하기 힘들 것이다.

반면 블로그 마케팅은 파워링크 광고와 달리 클릭 수에 상관없이 무료(?)로 홍보할 수 있기 때문에 광고주에게는 상당한 금전적 이득을 가져다 준다.

NAVER | 대입컨설팅 | 🔍

통합검색 **블로그** 지식iN 카페 이미지 뉴스 웹사이트 동영상 더보기 · 검색옵션 ∨

연관검색어 ? 미래로입시컨설팅 더입시플렉스 대입면접학원 메가스터디 컨설팅 신고 ✕
대학컨설팅 학습컨설팅 대학교 자기소개서 대치동 컨설팅 김영일교육컨설팅 더보기 ·

파워링크 '대입컨설팅' 관련 광고입니다. ⓘ 등록 안내 ›

이투스247학원 247.etoos.com
최상위권 전문 247SUMMIT 오픈 / 재수정규반 모집중 / 무한패스 무료제공

서초메가스터디학원 의대합격관 seocho.megastudy.net
2018수능 전과목 만점자! 369맞춤합격시스템으로 더욱 완벽해진 재수정규반 모집

고등전문과외 입시아카데미 www.IPSIACADEMY.com
강남대치동 교육법인, 내신, 수능1타 과외선생님 지도, SKY출신 대입연구소 운영

블로그 1-10 / 50,276건

중3 마무리특강 듣고! 고교 3년간 **대입컨설팅** 무료로 받자! 7일 전
고교 3년간 **대입컨설팅** 무료로 받자! 안녕하세요~ glec어학원입니다. 중3 학생들의 고입이
마무리되고, 고등학교에 진학하기 전인 12월 ~ 2월 이 시기를 어떻게...
영어로 행복한 GLEC... blog.naver.com/glec_academy/221224548659

대입컨설팅 중요성에 대해서 로드맵과 함께 알아보자 2018.02.02.
대입컨설팅 중요성에 대해서 로드맵과 함께 알아볼까요? 목표가 생기면 학습 효과가 두 배
로 높아질 수 있는데요. 오늘은 **대입컨설팅**의 중요성에 대해서 포스팅하려고...
목동수학학원 ★로드... blog.naver.com/roadmap_math/221199277152

강남 대치동 고등학생 **대입 컨설팅** 사례 2018.02.20.
데오럭스에서 진행하는 세미나, 대외 강의들.. 그리고 컨설팅을 통해 보다 좋은 정보들을 얻
어가시길 바랍니다. **대입 컨설팅** 데오럭스 교육그룹 T.**********
학생부종합전형 컨설... blog.naver.com/deolux311/221211527303

[아이비리그 대학입시 컨설팅] [미국**대입컨설팅**] ACT와 SAT... 어제
동시 프렙하세요~~ [에듀엑셀런스의 프로그램 참가학생들은 영어수준에 맞춰서 위 미국대
입컨설팅 지도와 함께 SSAT/PSAT/SAT/ACT/TOEFL 프렙 트레이닝을 받을 수 있습니
다]
에듀엑셀런스 유학원... eduexcellence.us/221228394262

데오럭스 교육그룹의 블로그 마케팅 사례④

데오럭스 교육그룹의 블로그 마케팅 사례⑤

물론 이는 관련 키워드로 검색해 상위에 노출됐을 때의 일이다. 이러한 예처럼 블로그는 브랜딩, 고객과 소통 및 매출 증대와 함께 마케팅 비용을 절약할 수 있는 좋은 채널이다.

3. 페이스북 마케팅

    페이스북 ^{Facebook} 은 전세계적으로 가장 많이 사용되는 SNS 채널 중 하나로, 웹 상에서 사용자들간 쉽게 인맥을 형성할 수 있다. 페이스북의 '타임라인'에는 자신의 글뿐만 아니라 친구들의 소식들이 실시간으로 게시된다. 친구로 맺어진 사람들이 게시된 글을 공유하거나 '좋아요' 클릭 및 '댓글 작성'을 할 수 있고, 추가로 다른 친구들에게 해당 게시물을 재 홍보할 수 있다는 것이 특징이다.

새로운 경험을 제공하는 '나이키'의 페이스북 마케팅

나이키는 팬들과 소통하는 데 페이스북 채널을 효과적으로 활용하고 있다. 나이키 페이스북 마케팅의 핵심은 '능동적 참여를 이끌어 새로운 경험'을 만드는데 있다. 그렇다면 나이키가 페이스북에서 진행하며 인기를 끌었던 캠페인들 중몇 가지 사례를 소개하겠다.

사례① RUN Like ME 캠페인

나이키재팬은 2013 도쿄마라톤 대회를 기념하며 재미있는 페이스북 마케팅을 기획했다. 도쿄마라톤 대회에 참여한 Joseph Tame은 일본 나이키의 페이스북 페이지에서 팬이 한 명씩 늘어날 때마다 10m씩 달리기로 약속했다. 그리고 캠페인 수행 과정을 중계했다.

결과적으로 2만 8천 명의 팬들이 나이키 페이스북 페이지에서 '좋아요'를 눌렀고, 그는 약 420㎞를 뛰게 되었다. 사람들의 관심이 Joseph을 달리게 한 것이다. 나이키의 성공적인 페이스북 마케팅 사례가 보여주듯, 사람들은 그 브랜드와 교감할 수 있는 인터렉티브 콘텐츠 Interactive Contents 에 보다 적극적으로 반응한다.

나이키재팬의 RUN Like ME 캠페인
www.postview.co.kr/1077

사례② Bid your Sweat 캠페인

2012년 나이키는 페이스북 페이지를 활용해 Bid your Sweat 캠페인을 성공적으로 진행했다. Bid your Sweat 캠페인은 'Nike+' 애플리케이션을 통해 러닝 거리를 측정한 뒤, 페이스북 페이지에서 온라인 사용자들이 돈이 아닌 러닝 거리로 입찰해 나이키의 아이템들을 얻는 경매 방식의 캠페인이다.

나이키의 Bid your Sweat 캠페인

2주 동안 진행된 Bid your Sweat 캠페인에 참여한 러너들의 총 러닝 거리는 1,334㎞이고, 최종 우승자의 러닝 기록은 332㎞였다. 이 거리는 런던에서 파리까지의 거리와 비슷하다고 하니, 얼마나 참가자들이 열성적으로 캠페인에 참여했는지 알 수 있다. 또한 플랫폼으로 사용되었던 페이스북 캠페인 페이지에 2만 5,000명 이상이 방문했으며, 사이트에서 Bid your Sweat를 검색한 수는 3만 2,400건이나 됐다.

Bid your Sweat 캠페인을 통해 나이키는 건강하면서 유익한 브랜드 경험을 제공하며 스포츠 활동을 흥미롭게 만들어주었다. 더불어 페이스북 플랫폼 속에서 다른 사용자들과 교감하고 공유할 수 있는 재미를 주었다.

4. 카카오스토리 마케팅

카카오스토리 ^{일명 카스} 는 카카오가 개발한 모바일 메신저 카카오톡과 연계된 SNS 채널이다. 카카오톡의 친구로 등록된 사람들과 사진이나 메시지 등을 간편하게 공유할 수 있다.

카카오스토리의 차별화는 카카오톡과 연계돼 자신이 이미 알고 있던 사람들과의 네트워크를 기반으로 하고 있다는 점이다. 즉, 페이스북이나 트위터와 달리 카카오스토리는 기존 관계나 인맥을 강화하려는 동기가 강한 사람들을 끌어들여 국내에서 영향력 있는 SNS 플랫폼 중 하나로 자리잡았다[1]. 그러나 현재는 카카오스토리에 광고 홍보가 넘쳐남에 따라 찾는 이용자가 줄고 있다. 페이스북과 트위터에 밀리고 있지만 여전히 국내 시장에서는 영향력을 가진 채널이다.

---

1) 강민정, 윤주현, 2015, 공감을 이끌어내는 SNS 디자인 프레임워크 제안- 카카오스토리 사례 중심으로, 디지털디자인학연구

지속적으로 스토리를 공유한 '아리수'의 카카오스토리 마케팅

국내에서 카카오스토리가 중요한 마케팅 수단으로 부상함에 따라, 공공기관인 서울시상수도사업본부는 카카오스토리를 이용해 서울의 수돗물인 아리수를 홍보했다. 아리수는 개설 6개월만에 30,000명이 넘는 카카오스토리 친구를 갖게 되었다. 지금은 별도의 홍보 활동이나 이벤트 없이도 꾸준히 팬을 확보하고 있다.

아리수 카카오스토리 내 참여형 콘텐츠

아리수 카카오스토리의 성공 요인 중 하나는 참여형 콘텐츠에 있다. 아리수는 콘텐츠에 대표 캐릭터인 '아리'를 등장시켜 친숙하게 다가갔으며, 끝말잇기나 물과 관련된 퀴즈, 선택형 질문 등과 같이 이용자가 직접 참여할 수 있는 콘텐츠를 정기적으로 업로드 하여 쌍방향 소통을 활성화시켰다. 이에 콘텐츠에는 1,000건이 넘는 댓글이 달렸고, 아리수 측은 추가적인 답변을 달아주거나 일상적인 대화를 나누는 등의 모습을 보여주었다. 즉, 일방향적인 정보 전달이 아닌 이용자들을 적극 참여시킴으로써 아리수에 대한 긍정적 인식을 심어주었다.

5. 유튜브 마케팅

 유튜브는 전 세계 최대 규모의 동영상 공유 사이트다. 유튜브에 따르면 유튜브에서 동영상을 보는 순 시청자 수는 전 세계 10억 명이 넘으며, 시청시간은 매달 60억 시간이 넘는다. 유튜브에서는 1분에 500시간 분량의 동영상이 업로드 되고 있다.

 국내에서도 동영상을 보기 위해 많은 이들이 유튜브를 찾고 있다. 유튜브는 그야말로 폭풍 성장을 하고 있는 것이다. 이에 기업들도 유튜브 채널을 활용해 소비자들과 활발히 소통하는 중이다. 그중 대표적인 유튜브 마케팅 성공사례로 볼보 트럭의 시리즈 광고를 들 수 있다.

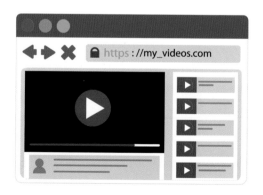

재미로 호기심 자극한 '볼보'의 유튜브 마케팅

볼보 트럭은 트럭의 우수한 성능을 다양한 방식으로 보여주기 위해 라이브 테스트 시리즈 바이럴 필름 6편을 만들었다. 광고 속 테스트들은 모험적이고 기발하여 시리즈 모두 큰 인기를 모았다. 기술은 소비자들의 관심을 끌기 어려운 소재이지만, 재미있게 연출해 깐느 광고제 수상의 영광을 안았다. 또한 트럭 판매량도 31% 증가라는 궁극적 목표를 달성했다.

먼저 1편부터 5편까지의 광고들을 살펴보자.

광고 1편(The Ballerina Stunt)은 발레리나가 반대편 트럭으로 건너가는 모습이다.

광고 2편(The Technician)은 사막 모래 속에 몸을 묻은 엔지니어의 머리 위로
볼보 트럭이 지나가는 아슬아슬한 장면을 보여주며 트럭의 지상고가 높다는 점을 알려준다.

광고 3편(The Hook)은 볼보 트럭의 회장이 직접 출연, 견인용 후크가 크레인에
안정적으로 매달려 있는 트럭을 보여준다.

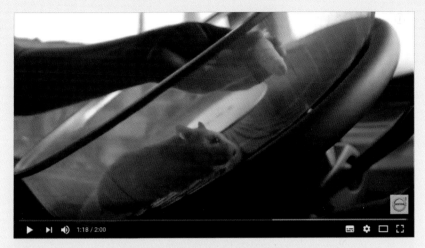

광고 4편(The Hamster Stunt)은 햄스터의 움직임처럼 미세한 핸들링만으로도
쉽고 안전하게 운전이 가능하다는 점을 시사한다.

광고 5편(The Chase)은 볼보 트럭이 투우 소들의 추격을 피해 스페인 구시가지의 좁은 골목길을
고속 질주하는 모습을 보여주며 유연한 조작성을 강조한다.

그리고, 2013년 말에 공개된 이 시리즈의 6편이 가장 압권이었다.

광고 6편(The Epic Split)은 장 클로드 반담이 다리 찢기를 하며 볼보 트럭의 안정성과
정밀한 스티어링 기술을 입증했다.

이 영상은 2015년에 발표한 '유튜브 10년 최고의 광고'에서 4위를 차지할 만
큼 선풍적인 인기를 끌었다. 현재까지 유튜브 조회 수 8,200만 건을 넘기며 인
기를 구가하고 있다. 이 장면은 그 어떤 컴퓨터 그래픽이나 합성 없이 실제 촬영
된 것으로, 준비 기간만 5개월이 걸렸다고 한다. 단지 한쪽 발에 안전을 목적으
로 와이어만 부착했을 뿐이었다. 이 점이 사람들로 하여금 이 영상에 더욱 열광
하게 만들었다.

볼보 트럭이 유튜브 광고를 성공적으로 수행할 수 있었던 것은 소비자들이 보고 싶어하는 영상을 보여줬기 때문이다. 영상을 보게 만드는 요소 중 하나인 '재미'를 잘 살리면서도 제품의 강점을 잘 보여줘 좋은 반응을 얻은 것이다.

최근에는 유튜브에서 활동하는 유튜버들의 영향력이 어마어마해졌다. 이제 시청자들은 단순히 콘텐츠를 보기만 하지 않는다. 브랜드의 콘텐츠에 댓글을 남기고 공유하거나 더 나아가 흥미로운 크리에이터로 활동하는 등 능동적으로 참여하고 있다. 그만큼 기업들도 유튜브 공간에서 소비자들과 더 가깝고 친숙하게 소통할 수 있는 전략을 수립해야 한다.

6. 트위터 마케팅

　트위터는 '지저귀다'라는 뜻에서 알 수 있듯이, 재잘거리며 하고 싶은 말을 그때그때 짧게 올릴 수 있는 공간이다. 한 번에 쓸 수 있는 글자 수도 최대 140자로 제한돼 있다. 또한 트위터에서는 관심 있는 상대를 뒤따르는 '팔로우'라는 기능을 중심으로 소통한다. 이는 블로그나 미니홈피의 친구 맺기와 비슷한 개념이지만, 상대방이 허락하지 않아도 일방적으로 팔로어로 등록할 수 있다.

　트위터는 블로그의 인터페이스에 미니홈피의 친구 맺기 기능, 메신저의 신속성을 한데 모아놓은 매체라 할 수 있다. 이렇게 기존 SNS에서 업그레이드된 기능을 가진 트위터가 주목 받게 되면서, 기업들이 홍보에 트위터를 적극적으로 활용하게 되었다. 그러다 보니 트위터에 광고들이 넘쳐나 현재는 이전만큼 파급력을 갖춘 SNS 채널로 인식되지 않는다.

당신만을 위한 특별한 혜택, '델'의 트위터 마케팅

트위터는 쌍방향으로 상호작용하는 채널이라기보다 일방향적인 채널이다. 이러한 트위터의 특성을 적절하게 잘 활용한 곳이 델 컴퓨터다. 델은 재고 예측이 어렵고 매장에서 잘 팔리지 않는 아울렛 제품들을 처분하기 위해 트위터에 주목했다. 델이 생각한 트위터 마케팅 전략은 간단했다.

아울렛 제품 담당자가 자신의 팔로어들에게만 특별할인을 제공하는 것이다. 또한 판매 사이트에서 할인 코드를 먼저 입력한 10명에게만 추가로 20%를 할인해주고, 리트윗하는 선착순 50명에게 50% 할인 쿠폰을 증정하는 선착순 이벤트를 실시했다. 나아가 매장 방문 사진이나 제품 사용 사진을 트위터에 올린 사람들을 대상으로 추첨을 통해 선물을 증정했다.

이러한 트위터 마케팅을 통해 델의 판매량은 예상을 뛰어넘을 정도로 급증했다. 델 컴퓨터는 트위터 공식 계정을 만든 지 2년 반 만에 약 650만 달러의 매출이 트위터를 통해 발생했다고 밝혔다. 델은 트위터를 재고정리, 쿠폰 행사 등 다양한 할인 관련 프로모션을 실시하는 채널로 적극 활용했다.

이는 어떻게 보면 지금의 페이스북이나 인스타그램 등 다른 채널에서도 흔히

접할 수 있는 마케팅이다. 그러나 델은 자신에게만 제공되는 할인을 원한다는 고객의 니즈를 공략했고, 이를 통해 엄청난 팔로어들을 양산했다.

또한 파급력이 강한 트위터 특성을 적극 활용해 팔로어들이 자신의 팔로어들에게 델의 트윗을 재전송하게 해 엄청난 반향을 일으켰다. 이는 트위터의 가장 큰 장점인 트윗 전달 효과를 제대로 활용한 사례라 할 수 있다.

델의 트위터 마케팅 사례

Instagram Marketing

Part 3.
인스타그램 마스터하기

1. 가입 방법

이제 인스타그램을 실제 사용해볼 시간이다. 그 첫걸음은 당연히 가입으로 시작된다. 인스타그램의 가입 방법은 두 가지다. 하나는 PC를 이용해 인터넷으로 가입하는 방법이고, 다른 하나는 모바일로 가입하는 것이다. 사실 두 방법 모두 간단한 편이라 자신에게 편한 방법을 선택해 가입하면 된다.

PC로 가입하기

먼저 PC로 가입하는 방법을 알아보자. 인터넷에서 인스타그램 홈페이지 www.instagram.co 에 접속하면, 다음과 같은 화면이 나타난다. 실제 화면은 사진과 다를 수 있다. 왜냐하면 홈페이지 메인 화면에는 인기 게시물이 뜨는데, 이는 실시간으로 바뀌기 때문이다. 어쨌든 이 화면에서 오른쪽 상단의 '로그인' 버튼이나 '가입하기' 버튼을 선택하면 된다.

　　인스타그램은 페이스북 계정으로도 가입할 수 있다. 만약 개인적으로 사생활을 게시하기보다 브랜드 홍보가 목적이라면 보다 많은 사람들에게 알릴 수 있도록 페이스북과 연계하는 것이 좋다. 왜냐하면 페이스북에서 인스타그램을 사용하는 친구들을 간단한 절차로 연결해주고, 인스타그램에 올린 게시물을 페이스북의 친구들도 볼 수 있게 해주기 때문이다. 인스타그램 가입 단계 중에 이메일 인증 절차가 있다. 이때 가능하면 회사 이메일로 인증할 것을 추천한다. 브랜드 홍보용 인스타그램 계정을 개인 이메일 계정과 연동할 경우, 추후 불편함을 겪을 수 있기 때문이다.

이메일 인증절차까지 완료하면 아래와 같이 프로필 사진을 추가하라는 안내 글이 나온다. 이때 프로필은 회사, 브랜드, 상품의 정체성이 잘 드러날 수 있는 사진을 선택해 업로드 하는 것이 좋다.

모바일로 가입하기

다음은 모바일을 이용해 가입하는 방법을 알아보자. 일단 모바일 상에서 인스타그램에 접속하기 위해서는 아이폰의 경우 '앱 스토어', 안드로이드의 경우 '구글 플레이 스토어'에서 인스타그램 애플리케이션을 다운로드 받아야 한다. 이때 어렵게 영어로 검색할 필요는 없다. 그냥 검색 창에 '인스타그램'이라고 한글로 쓰면 아래와 같은 화면이 나온다.

인스타그램은 모바일로 사용할 것을 권장한다. 여러 가지 이유가 있겠지만, 인스타그램은 간단한 사진과 단어 기반 해시태그로 소통하는 모바일 기반 SNS 채널이기 때문이다. 다운 받은 인스타그램 애플리케이션을 실행하면, 다음 장의 첫 번째 화면이 나오는데, PC 버전과 마찬가지로 페이스북을 연동시켜 가입하거나, 휴대폰 번호 또는 이메일 주소로 가입하면 된다. 만약 '휴대폰이나

메일 주소로 가입하기'를 선택했다면, 추가로 간단한 정보들을 입력한 후 가입할 수 있다.

인스타그램 2단계 인증

여기까지 순서대로 진행했다면, 가입은 모두 끝난 것이다. 그러나 번거롭더라도 한 가지 더 설정해두길 권한다. 최근 인스타그램에서는 홍보를 목적으로 한 해킹이 자주 발생하고 있다. 최악의 경우 그동안 올렸던 게시물들이 모두 삭제되거나 자신도 모르게 홍보용 팔로우를 하게 된다. 이를 사전에 방지하기 위해 설정하는 것이 바로 '이중 인증'이다. 그러니 가입이 끝난 후 반드시 인스타그램 내 '설정' 메뉴에서 이중 인증 절차를 진행하기를 바란다. 성공적으로 2단계 인증의 절차를 마쳤다면, 로그인 할 때마다 핸드폰으로 이중 인증의 코드번호가 전송된다. 그러면 본인이 아닌 이상, 해킹을 통해 접근하기는 쉽지 않을 것이다. 물론 개인의 모바일을 이용하면 자동으로 로그인 돼 있거나 페이스북과 연동돼 쉽게 로그인이 가능하므로, 다른 사람들이 자신의 계정을 악용하지 못하도록 이중 자물쇠를 채운다고 생각하면 된다.

2. 사진 & 영상

인스타그램에 처음 접속하면 왼쪽과 같은 화면을 볼 수 있다. 여기서 우리에게 중요한 것은 하단에 보라색 점선으로 표시한 다섯 가지 아이콘들이다. 이 아이콘들은 인스타그램을 사용하는 데 가장 중요한 기능을 수행한다. 각각의 기능을 살펴보면 다음과 같다.

- 메인 ^홈 _ 메인 화면으로 돌아간다. 본인이 팔로잉 한 사람들이 최근에 올린 사진들을 볼 수 있다.
- 찾기 ^{돋보기} _ 다른 사람의 인스타그램을 찾을 수 있다. 찾기를 누르면 최근 하트를 많이 받아 유명해진 추천 인스타그램들이 올라와 있다.
- 사진 업로드 ^{플러스} _ 본인의 인스타그램 계정에 사진을 올릴 때 사용한다.

이곳에서 사진이나 동영상을 올리고 편집할 수 있다.

- **공감** ^{하트} _ 본인과 관련된 인스타그램의 최근 소식들을 볼 수 있다. 본인이 팔로잉 한 사람의 사진이나 동영상을 올리거나 본인의 게시물에 누군가가 공감을 누르면 표시된다.

- **프로필 사진** ^{본인 계정} _ 본인의 인스타그램 프로필을 수정하거나, 본인이 올린 게시물들을 확인할 수 있다.

인스타그램 프로필 사진 업로드

먼저 자신을 알리기 위해 프로필을 만들어보자. 인스타그램 기본 메뉴 중 가장 오른쪽 아이콘을 누르면, 아래의 첫 번째 화면이 나타난다. 자신과 관련된 게시물, 팔로어, 팔로잉 수가 표시되고, 그 밑의 프로필 수정 버튼을 누르면 프로필과 관련된 내용들을 수정할 수 있다. 버튼을 누르면 아래의 두 번째 화면이 나온다. 자신의 프로필 사진 버튼을 누르면 세 번째 화면과 같이 다양한 방법으로 자신의 사진을 올리거나 변경할 수 있다.

인스타그램 프로필 사진 업로드

프로필을 다 꾸몄다면, 이번엔 인스타그램의 꽃이라 할 수 있는 사진을 본격적으로 올려볼 시간이다. 모바일에서 인스타그램 애플리케이션을 실행하면, 아래와 같은 화면이 나오는데, 하단 가운데 있는 '+' 표시를 누르면, 자신의 사진첩에서 사진을 불러올 수 있다.

실제 '+' 버튼을 누르면 다음 장의 첫 번째 화면이 나오는데, 자신의 라이브러리 ^{사진첩}에서 사진을 선택해 올릴 수 있다. '라이브러리' 옆에 있는 '사진'이나 '동영상' 버튼을 눌러 직접 실시간으로 촬영한 뒤 올릴

수도 있다. 자세히 보면, 사진과 사진첩 사이에 몇 가지 기호들이 있는 것을 볼 수 있다.

그중 '∞' 표시를 누르면, 아래의 두 번째 화면이 나오는데 몇 개의 사진을 연속적으로 반복해서 미니 동영상을 만들어주는 'Boomerang'이라는 애플리케이션을 설치할 수 있다. 그 바로 옆에 있는 아이콘을 누르면, 여러 사진을 하나의 게시물로 만들어주는 'Layout'이라는 애플리케이션을 설치할 수 있다. 마지막으로 가장 오른쪽 버튼을 누르면, 여러 개의 사진을 한꺼번에 올릴 수 있다.

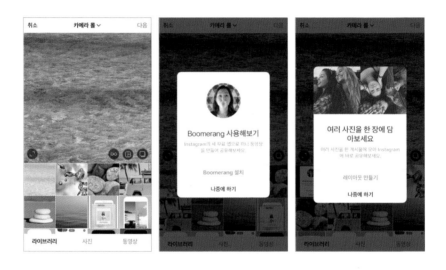

사진을 선택했다면 이제 게시물로 올려야 하는데, 그 전에 사진 필터 기능을 사용해 사진을 꾸며보자. 다음 장 첫 번째 화면에서 사진 위에 있는 '태양' 모양을 선택하면 명암을 수정할 수 있다. 그리고 왼쪽 하단에 있는 '필터' 기능을 이용하면 사진에 다양한 테마 효과를 줄 수

있다. 오른쪽 하단의 '수정' 기능을 이용하면 보다 세부적으로 보정할 수 있다.

이렇게 모든 과정을 거치고 나면 아래 두 번째 화면을 볼 수 있는데 함께한 사람, 자신의 위치, 추가 SNS 공유 여부를 결정할 수 있다. 여기서 중요한 점은 사진의 설명에 해시태그를 추가하는 것이다. 앞서 이야기한 것처럼 마케팅을 목적으로 한다면 반드시 필요한 키워드들을 추가하는 것이 좋다.

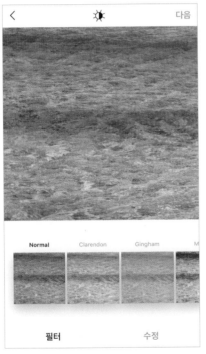

인스타그램 동영상 업로드

동영상을 올리는 방법도 사진과 비슷하다. 먼저 메뉴에서 '+'를 누르고, 아래 첫 번째 화면처럼 라이브러리에서 미리 녹화해둔 동영상을 선택하면 된다. 단, 인스타그램의 경우 올릴 수 있는 동영상의 길이를 60초로 제한하고 있다.

즉, 60초 내에 얼마나 강렬한 인상을 줄 수 있는 동영상을 올리는가가 관건이라는 이야기다. 그렇다 보니 즉흥적으로 동영상을 올리기보다 충분히 편집을 거친 동영상이 더 효과적일 때가 많다. 물론 직접 올리는 방법도 있다.

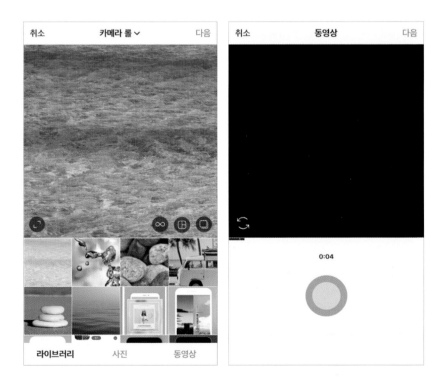

옆장의 첫 번째 화면에서 보이는 메뉴 중 가장 오른쪽의 '동영상' 버튼을 누르면, 두 번째 화면이 나온다. 이 화면에서 가운데 동그란 버튼을 길게 누르면 동영상을 60초까지 녹화할 수 있다.

다음 단계는 사진을 올릴 때와 비슷하다. 상단의 메뉴들을 사용해 소리의 유무를 결정할 수 있고, 아래 메뉴에서 필터와 커버를 결정할 수 있다.

모든 과정이 끝나면 아래 두 번째 화면이 나오고, 사진과 마찬가지로 위치 추가와 다른 SNS에 공유할지를 선택하면 된다. 물론 해시태그도 잊지 말고 추가하자.

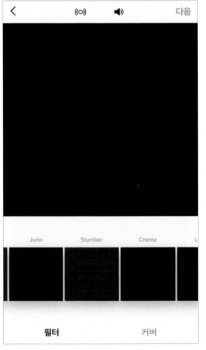

3. 키워드 선정

키워드는 인스타그램뿐 아니라 검색기반 SNS에서 가장 중요한 기능이다. 때에 따라 어떤 키워드를 사용하는가에 따라 유입량과 고객의 유

#태그 ∨	반응도 ∨	트렌드지수 ∨
#커피	77	0.08
#커피스타그램	50	0.18
#커피타임	32	0.82
#모닝커피	25	0.55
#커피맛집	20	1.06
#커피숍	18	0.33
#커피그램	18	0.78
#더치커피	14	0.36
#아이스커피	13	0.2

형이 바뀌기 때문이다. 처음 인스타그램을 시작하는 초보자에게는 이 키워드 기능이 어려울 수 있다. 그럴 땐 기본적으로 유행 키워드, 지역 키워드 들을 주로 활용하고, 경쟁업체 해시태그를 참고하는 것이 좋다.

인기 해시태그 키워드를 찾아주는 '스타태그'

위와 같은 방법이 어렵게 느껴진다면 '스타태그'라는 애플리케이션을 활용해보자. 스타태그는 인기 해시태그들을 쉽게 살펴볼 수 있도록 직관적인 디자인으로 구성돼 있어 사용이 편리하다. 또한 유료 서비스를 이용하면 원하는 태그들을 자세히 분석할 수 있다.

인스타그램 키워드 검색량 알아보기

이번에는 별도의 애플리케이션을 활용하지 않고도 태그 트래픽을 분석할 수 있는 방법을 알아보자. 인스타그램 내에서 본인이 원하는 키워드의 사진이 몇 개인지 파악해봄으로써, 키워드 트렌드 및 선호도를 간단히 알 수 있다.

네이버 키워드 검색량 알아보기

인스타그램 내부의 키워드 검색량을 알아보았다면 이번엔 보다 대중적으로 사용되는 포털사이트 '네이버'의 키워드 검색량을 알아보자. 네이버의 키워드 검색량은 '네이버 검색광고 searchad.naver.com '를 통해 알 수 있다.

이 방법은 주로 키워드 광고를 하는 사람들이 많이 이용하는 방법으로, 검색 키워드의 유사 키워드 추천, 월간 PC 및 모바일의 키워드 검색량, 파워링크 검색광고 클릭률 등을 살펴볼 수 있다. 간단한 회원가입 절차만 거치면 누구나 무료로 사용할 수 있기 때문에 아직 활용하고 있지 않다면 네이버 검색광고를 추천한다.

인스타그램 SEO 전략

이번엔 인스타그램 상위노출에 대해 알아보자. 인스타그램 최상단의 작성하는 부분 바로 아래 화면에 보라색 점선으로 표시된 '스노잉카페'라는 글자가 인스타그램 SEO ^{Search Engine Optimization의 약자로 검색엔진에서 검색이 잘 되는 것, 즉 최적화를 말함} 에 잘 검색되는 부분이다.

이곳에 본인의 브랜드 명을 적어놓아 브랜드 명을 검색했을 때 본인의 브랜드가 상위에 노출되게 한다. 만약 아직 브랜드 인지도가 낮다면 임시적으로 인기 있는 키워드를 적어놓아 보다 많은 사람들에게 노출이 되도록 하는 것 또한 브랜드를 홍보하는 한 가지 방법이 될 수 있다.

변경하는 방법은 우측 상단에 있는 '프로필 수정 버튼'을 클릭해 이름 항목을 수정하면 된다.

4. 해시태그

인스타그램에서 보통 '태그'라고 하면, '해시태그'를 말한다. 해시태그란 '#인스타그램', '#가족'처럼 게시물들의 뒷부분에 '#' 표시를 한 뒤 붙이는 내용들을 말한다. 인스타그램에서는 특히 이러한 해시태그가 들어가는 게시물들을 많이 볼 수 있는데, 이렇게 게시물을 올릴 때 해시태그를 붙이면, 해시태그를 클릭했을 때 관련된 글들이 모두 보여 더 큰 홍보 효과를 기대할 수 있다.

여기서도 이왕이면 두 가지 해시태그를 사용하는 것이 좋다. 예를 들어 만약 실내 인테리어 회사를 운영하고 있다면, 하나는 '#실내 인테리어'와 같이 일반적인 단어를 사용하되, 다른 하나는 '#해피낙스' 같은 식으로 자신의 브랜드를 해시태그로 적는 것이다. 그렇게 되면 #실내 인테리어 검색으로 들어온 사람들에게 '해피낙스'라는 브랜드를 알릴 수 있다.

다음은 해시태그 작성방법을 알아보자. 해시태그는 검색이 되길 원하는 단어 앞에 '#'을 넣으면 된다. 예전에는 게시글에 '#키워드'를 무작정 많이 추가했다. 그때는 모든 해시태그가 검색됐기 때문이다.

그러던 중 검색 누락이 발생하기 시작했다. 작성물과는 그다지 관련 없는 무수한 키워드들이 나열돼 더 이상 검색 노출이 어렵게 된 것이다. 현재는 10개 내외의 키워드만 유효 키워드로 검색된다.

최근 트렌드는 게시글에 한두 개의 해시태그만 넣는 것이다. 그리고 댓글 부분에 본인이 몇 가지 추가 해시태그를 작성하는 것인데, 이는 댓글에 달린 해시태그 또한 검색에 반영되기 때문이다.

5. 검색 방법

이제 인스타그램의 기능 중 검색 방법에 대해 알아보겠다. 인스타그램을 실행한 후 아래의 메뉴들 중 '돋보기' 모양의 아이콘을 클릭해보자.

그러면 첫 번째 화면이 나오고 인기가 높은 사진들과 동영상, 인스타그램 계정들이 나온다. 여기서 본격적인 검색을 원한다면, 화면 상단에 보라색 점선으로 표시된 '검색'을 누르면, 두 번째 화면을 볼 수 있다.

검색은 '인기', '사람', '태그', '장소'의 4가지 부문으로 나눠 할 수 있다. 보통 처음엔 자신과 관련된 사람들이 먼저 나오는 편이고, 본인이 원하는 부문에서 검색을 할 수 있다. 여러 방법으로 검색해보면, 두 번째 화면처럼 얼마나 많은 사람들이 어떤 키워드로 해시태그를 사용하고 있는지 알 수 있다. 이를 참고해 자신이 더 많은 사람들에게 알려지려면 어떤 해시태그를 사용하는 것이 좋을지 생각해보자.

6. 팔로어, 팔로잉, 맞팔

'팔로어' 기능은 페이스북의 친구추가 기능이라고 생각하면 된다. 인스타그램에서는 '팔로어'와 '팔로잉'이 매우 중요하다. 기능 자체는 페이스북의 친구추가 기능과 비슷한데 약간의 차이가 있다. 페이스북의 경우 서로의 게시물이 게재되지만, 인스타그램은 서로의 것을 보거나 보여주는 기능만 갖고 있다. 여기서 팔로어는 자신을 보여주는 기능으로써, 자신을 친구로 추가하거나 이웃으로 맺은 사람들을 나타내는 것이다. 즉, 팔로어란 자신이 얼마나 노출되고 있는지를 알 수 있는 수치다. 이 팔로어 수가 많을 수록 더 많은 사람들에게 자신이 원하는 바를 홍보할 수 있다. 다만 홈 화면에서 내가 팔로어한 사람이 글과 사진을 올리면 나에게 보이지만, 내가 올린 글과 사진은 내가 팔로어한 사람에게 보이지 않는다.

반대로 팔로잉은 자신이 추가하거나 이웃을 맺은 사람을 나타낸다. 보통 홍보를 목적으로 하는 사람들이 계정을 만든 후 많이 하는 실수가 팔로잉을 가볍게 생각하는 것이다. 안타깝게도 인스타그램도 SNS에 속하며, 이곳도 사이버 상의 작은 사회라 할 수 있다. 사회생활에서 소통이 중요하듯이, 자신을 찾아오는 사람이 없다면 자신이 찾아 나서야 한다.

꼭 그런 것은 아니지만, 홍보 외에도 팔로잉을 통한 소통으로 자신의 팔로어를 늘릴 수 있다. 이는 잠재적으로 고객과의 소통 및 자신의 인스타그램을 키워나가는 중요한 초석이 된다. 맞팔은 블로그의 서로이웃, 페이스북의 친구추가 기능이라고 생각하면 된다. 자신과 상대방이 서로 팔로잉하는 것을 말한다. 일반적으로는 팔로잉 신청이 들어오면, 자신도 팔로잉을 해주는 편이 좋다. 사이버 상이긴 하지만 자신도 상대방에게 관심을 갖겠다는 약속이다. 자신의 팔로어 수와 팔로잉 수가 노출되므로 상대적으로 맞팔을 잘해주는 사람들에게 사람들은 좀 더 쉽게 팔로잉을 신청하는 편이다.

앞서 설명한 것처럼, 팔로잉은 내가 하는 것이지만, 맞팔과 팔로어는 상대방이 나에게 하는 것이다. 그렇다면, 이 둘을 어떻게 확인하고 구별할 수 있을까? 메인 화면에서 하단의 '하트' 아이콘을 선택하면, 다음 장의 화면이 나타날 것이다.

여기서 왼쪽 상단의 '팔로잉'에서 내가 팔로잉 한 상대의 최근 활동을 알 수 있으며, '내소식'에서는 나와 관련된 최근의 소식들을 확인할 수 있다. 주목할 부분은 나를 팔로잉 한 팔로우들 사이에도 차이가 있다는 점이다. 팔로어 옆에 하얀 네모로 '팔로잉'이라고 쓰인 팔로어는 서로 팔로잉이 된 맞팔의 상태 ^{서로 팔로잉 상태} 이며, 파란 네모로 '팔로우'라고 쓰인 팔로어는 나를 일방적으로 팔로잉 한 팔로어이다.

7. 공감, 댓글

공감은 페이스북의 '좋아요'와 같은 기능이다. 자신이 올린 게시물이 어느 정도의 반응을 얻고 있는지 확인할 수 있다. 여러 게시물들을 시험해보며 상대적으로 보다 많은 하트를 받은 게시물들 위주로 다음 게시물을 이어나가면 된다.

필자는 인스타그램 마케팅을 진행하면서 공감 클릭, 댓글 작성 그리고 DM에 가장 많은 노력을 기울였다. SNS 채널은 소통으로 키워가야 한다고 생각하기 때문이다. 그래서 계정에 공감 버튼 클릭과 팔로어를 신청한 이들의 계정에 들어가 모든 사진에 공감 버튼을 눌러줬다. 거의 AI 로봇이 작업하는 것처럼 말이다. 어찌 보면 굉장히 단순한 방법이지만 상대방은 내 계정을 인상 깊게 생각했을 것이다. 실제로 그들은 내 계정의 사진이 올라올 때마다 공감을 클릭해주었고 친절하게 댓글을 달아주는 이들도 있었다.

또한 플리마켓에서 행사를 진행한 적이 있었는데, 그 때 주변 셀러들

의 인스타그램 계정에 들어가 모든 포스팅에 공감을 눌러주자 모두들 고맙다며 내 계정에도 같은 작업을 해주었다. 시간과 노력이 많이 들어 가는 작업이지만 확실하게 온라인에서 관계를 형성할 수 있는 '기브& 테이크' 전략은 감동 마케팅 전략이기에 적극 추천한다.

적극적 의사표현 수단인 댓글

보통 올라온 게시물에는 게시물에 대한 자신의 의견인 댓글을 입력 할 수 있다. 자료를 사용해 DM으로 전달되게 할 수도 있다. 댓글을 이 용해 홍보를 할 수도 있는데, 다른 대형 규모의 인스타그램 계정에 댓 글을 다는 식이다.

단, 여기서 주의해야 할 점은 대놓고 무작정 홍보의 의도를 드러내면 안 된다는 것이다. 그러면 홍보만을 목적으로 이용하는 것처럼 보이기 때문에 오히려 비난의 대상이 될 수 있다. 차라리 진심을 다해 이곳 저곳에서 댓글을 달며 활동하다 보면, 자연스럽게 사람들이 흥미를 갖고 찾아오게 된다.

초반에 많은 공감과 팔로어를 만들기 위해선 기브&테이크 전략을 적극 활용할 것을 추천한다. 먼저 자신이 다른 인스타그램 계정에 방문해 '좋아요'와 댓글을 많이 작성해야 한다. 여기서 한가지 주의할 점이 있다. 연관 없는 댓글은 상대가 '품앗이 프로그램 일정 키워드를 프로그램에 입력해놓으면 자동으로 해시태그 키워드로 검색한 뒤 공감클릭, 팔로어 신청 및 언팔로어 작업을 하는 프로그램'으로 오인할 수 있다는 점을 명심하자.

여기서 품앗이 프로그램에 대해 좀더 알아보겠다. 이 프로그램은 앞서 설명한 바와 같이 원하는 키워드 입력을 하면 자동 팔로어 신청과 공감 클릭 그리고 댓글까지 작성해주는 프로그램이다. 자동 매크로로 작업으로 이루어지기 때문에 초반에 많은 공감과 팔로어를 얻을 수 있다는 장점이 있다. 그래서 많은 사람들이 사용했는데 자동으로 실행되다 보니 외국인 계정 및 가짜 계정들과 팔로어, 맞팔이 되어 실제 인스타그래머들로부터 외면 받기 시작했다. 또한 이를 제재하기 위해 인스타그램 측에서 하루 공감 갯수를 제한하는 등 후조치들을 야기시켰다.

브랜딩 측면에서 보았을 때에도 이 프로그램은 사용하지 않는 것이 좋다. 프로그램에 의해 만들어진 채널이라는 것을 누구나 쉽게 알 수 있기 때문이다. 소통을 위한 SNS 채널이 단순히 보여주기 식의 채널로 전락하면 인스타그래머들에게 외면을 받을 수 있다.

8. DM : Direct Message

DM은 Direct Message 다이렉트 메시지 의 약자로 다른 SNS 채널의 '쪽지 보내기'나 '귓속말', '1:1메시지'라고 생각하면 된다. 관심 있는 사람들과 그룹 또는 1:1 쪽지를 주고 받을 수 있다. 또한 홈 버튼에서 오른쪽 상단을 누르면 메시지함을 볼 수 있는데, 이곳에서 주고 받았던 쪽지 내용들을 모아서 관리할 수 있다.

DM은 직접적으로 누군가에게 자신을 알리거나 홍보를 하고자 할 때 사용할 수 있다. 만약 어느 정도 홍보가 이뤄진 상태라면 DM으로 문의를 받을 수도 있다. 일반적인 게시물들이 공개적인 성격이라면, DM의 경우는 비공개 성격이 강하다. 그렇기에 보다 신중하게 접근해야 하며, 한편으론 보다 진실된 모습을 보여줄 수 있기 때문에 더 큰 효과를 발휘할 수 있다.

어떤 문의들이 DM으로 들어오는지 스노잉카페 사례를 통해 자세히 살펴보자.

DM을 통한 가맹 문의

스노잉카페의 경우는 DM을 통한 가맹점 문의가 가장 많았다. 상세한 부분까지 자세히 질문할 수 있는 것이 DM의 가장 큰 장점이다.

DM을 통한 영업 문의

때로는 예약 등 영업 관련 내용을 문의해오기도 했다. 데이트를 준비하거나 모임을 기획하는 사람들은 원하는 날에 카페를 이용할 수 있는지 알고 싶어 DM으로 문의했다. DM을 통해 영업시간 및 예약 등을 문의하는 경우는 잠재 고객과 커뮤니케이션을 하는 것이므로 신중하게 답변해야 한다.

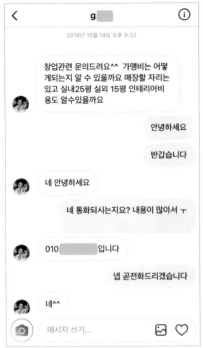

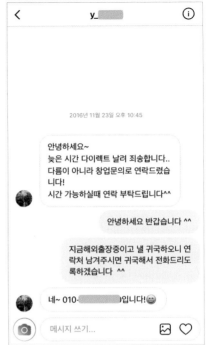

DM을 통한 메뉴 문의

용량, 가격, 메뉴 등 상품에 대해 문의를 하기도 한다. 상품의 제조, 판매회사와 단체주문 및 맞춤제조 상품의 주문 내역 등 자세한 정보를 공유할 수 있다. 또한 대화 내용이 기록으로 남기 때문에 비즈니스 용으로 용이하게 활용할 수 있고, 주문 후 구매 취소나 내용 변경 시 귀책 사유를 명확하게 할 수 있는 장점이 있다.

9. 리그램

리그램이란 내가 찍은 사진이 아닌, 다른 사람이 찍어서 올린 사진을 가져오는 것을 말한다. 이것은 트위터의 리트윗, 페이스북의 공유하기와 비슷한 기능이다. 인스타그램에선 이를 '리그램', 혹은 '리포스트'라고 표현한다. 꾸준하게 콘텐츠를 올릴 수 있다면 상관 없지만, 계정을 생성한 후 성장시켜야 하는 초기 단계이거나 리그램을 통해 팔로어를 늘릴 수 있을 것 같다면 리그램을 하는 편이 좋다.

리그램을 잘 활용하면 자신이 홍보하고자 하는 콘텐츠 외에도 리그램 되는 내용들을 보기 위한 팔로어들이 늘어난다. 그러면 결과적으로 더 많은 잠재 고객들을 확보할 수 있다. 단, 자신의 인스타그램과 전혀 연관성이 없는 리그램이 지나치게 많으면 홍보가 목적이라는 인상을 줄 수 있어 오히려 독이 된다.

인스타그램에서 리그램을 할 때는 리그램을 도와주는 애플리케이션을 사용하게 된다. 여러 종류가 있지만 가장 보편적으로 사용되는 'Repost'를 소개하려 한다. 먼저 첫 번째 사진처럼 애플리케이션을 다운받아 설치한다. 그리고 설치된 애플리케이션을 실행하면, 두 번째 화면을 볼 수 있다.

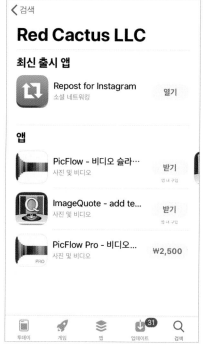
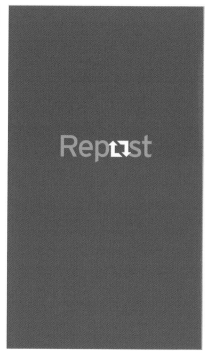

이제 리그램을 해보자. 메인 화면 오른쪽 상단에 있는 카메라 모양의 아이콘을 클릭해보자. 그러면 인스타그램에 접속할지 여부를 물어본다. 이에 동의하면 인스타그램에 자동 접속하게 된다.

아래 첫 번째 화면처럼 접속 후 자신이 리그램 하고자 했던 게시물의 오른쪽 상단에 표시되는 '…' 버튼을 눌러보자. 그러면 두 번째 화면처럼 여러 메뉴들이 나오게 되는데, 여기서 '링크 복사'를 클릭하자. 정상적으로 복사되었다면, 세 번째 화면과 같이 초록색 바탕에 링크가 복사됨을 알려주는 문구가 뜬다. 이후 화면 상단 왼쪽의 버튼을 눌러 'Repost' 애플리케이션으로 돌아가자.

리포스트로 돌아온 후에는 아래 첫 번째 화면처럼 공유된 결과물을 확인할 수 있다. 이제 공유된 결과물을 눌러보자. 그러면 두 번째 화면이 나타난다. 여기서 리포스트의 배너를 어느 쪽에 넣을지 선택할 수 있고, 맨 아래의 'Repost' 버튼을 누르면, 리그램이 완료된다.

10. 생방송

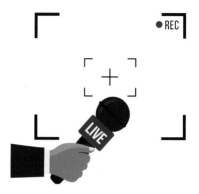

인스타그램은 자체적으로 1인 생방송 기능을 운영하고 있다. 생방송 기능을 활용하면 아무래도 생동감 있게 현장을 전할 수 있고, 댓글로 소통도 할 수 있다. 유명인들이나 팔로어가 많은 인스타그래머들이 광고를 위해서 많이 사용하는 편이니 필요할 때 사용할 수 있도록 기능을 알아놓자.

다음 장 첫 번째 화면의 메인에서 왼쪽 상단의 카메라 버튼을 눌러보자. 그러면 촬영을 할 수 있는 화면과 메뉴들이 나타난다. 여기서 가장 왼쪽의 메뉴로 화면을 밀어보자. 그러면 두 번째 화면과 같이 생방송을 진행할 수 있는 메뉴가 나타난다. 생방송을 진행하기 위한 모든 준비가 완료됐다면, 이제 생방송을 시작해보자.

3초의 카운트다운과 함께 세 번째 화면이 나오면서 생방송을 진행할 수 있게 된다. 성공적으로 방송이 진행되고 있다면 나를 팔로우한 사람들에게 알림이 가고, 화면 왼쪽 상단에 '라이브'라는 표시가 생성된다.

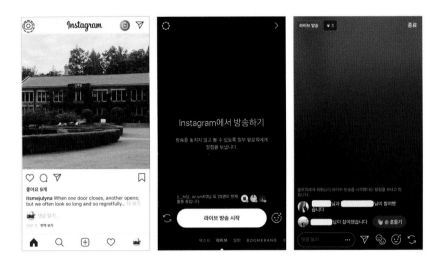

방송이 종료된 후에는 방송을 24시간 동안 공유할 것인지 설정할 수 있다. 만약 저장하고 싶지 않은 방송이라면 삭제를 선택하면 된다.

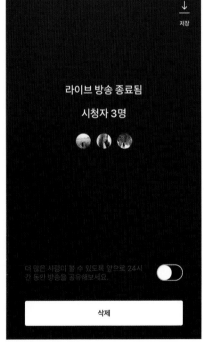

11. 북마크

마지막으로 '북마크'라는 기능에 대해 배워볼 시간이다. 북마크란 간단히 말해 마음에 든 사진들을 비공개 형태로 따로 보관하는 기능이다. 인스타그램을 하다가 마음에 드는 사진을 발견하면 첫 번째 화면의 오른쪽에 있는 리본을 누르면 된다. 그러면 리본이 검은색으로 변하게 되고, 저장한 사진이 화면 하단 맨 오른쪽의 내 개인 메뉴에 보관되는 것

을 확인할 수 있다. 물론 북마크를 취소하고 싶다면, 다시 리본을 누르면 된다. 그러면 리본이 검은색에서 하얀색으로 바뀌게 된다.

북마크를 해뒀다면, 이제 '컬렉션'에 대해 알아둘 필요가 있다. 북마크를 해둔 사진을 확인해보면, 컬렉션이라는 분류가 있는 것을 발견할 수 있다. 컬렉션이란 간단히 말해 페이스북의 사진첩과 유사한 기능으로, 자신이 북마크 해둔 사진들을 원하는 제목 하에 분류할 수 있는 기능이다. 북마크 해놓은 사진이 적다면 문제없지만, 사진이 많다면 목적에 맞게 컬렉션을 활용해 정리해두는 편이 여러모로 편리할 것이다.

Part 4.
인스타그램
마케팅 전략 세우기

1. 내 고객은 어느 채널에?

Part 2에서 SNS 각 채널들의 특징과 장단점을 살펴본 바 있다. SNS 를 마케팅에 활용하기 위해서는 먼저 나에게 적합한 채널이 무엇인지 알아야 한다. 아래의 3단계 질문을 통해 어느 채널을 활용할지 알아 보자.

1단계 : 내 고객은 어느 채널을 많이 이용하는가?

가장 먼저 고려해야 할 항목은 바로 나의 고객이 어느 채널을 많이 이용하고 있는가. 자신의 상품과 서비스를 이용할 잠재 고객들이 많이 찾는 곳에 홍보를 해야 구매 전환 효과가 가장 높을 것이다.

예를 들어 판매하는 상품이 헬스복인 경우, 헬스복을 구입할 고객 의 연령층부터 확인해야 한다. 헬스복의 경우 20~30대가 입는 옷과 40~50대가 입는 에어로빅 옷으로 나눌 수 있다. 여기서 본인의 상품 이 비교적 젊은 층을 대상으로 한다면, 10~30대가 많이 이용하는 SNS 채널인 인스타그램과 페이스북을 활용하는 것이 좋다. 만약 40~50대가 많이 입는 에어로빅 옷이라면 카카오스토리, 네이버 맘카페, 블로그 등을 활용해 홍보 마케팅을 펼치는 것이 보다 효과적이다.

이번엔 교육 및 서비스 종류인 필라테스를 한번 예로 들어보자. 실제 필라테스를 하는 사람들은 20~30대가 많다. 이들은 자신의 몸을 더욱 건강하고 아름답게 가꾸기 위해 운동을 하는 것이다. 따라서 인스타그램 등을 통해 자신이 운동하는 모습과 점점 변화되는 모습을 사진으로 올리곤 한다. 이러한 서비스는 인스타그램을 이용해 마케팅을 하는 것이 좋다.

2단계 : 내 상품을 구입하는 사람과 사용하는 사람은 각각 누구인가?

대체적으로 상품을 구입하는 사람과 사용하는 사람이 동일한 경우가 많지만, 때로는 이 둘이 다른 경우도 있다. 이럴 때 어느 채널에 어떻게 마케팅을 진행해야 할지 초반에 마케팅 대상을 정확하게 상정해야 한다.

이번엔 유아용품이 판매 아이템이라고 가정해보자. 유아용품을 사용하는 사람은 유아이지만, 구매자는 바로 엄마들이다. 그렇기에 아기 엄마들이 많이 사용하는 채널을 선택해야 한다.

아이 엄마들은 일단 엄마들의 모임에서 추천하는 상품을 가장 신뢰하고, 그 다음 카페, 블로그 등을 통해 상품에 대한 정보를 얻는다. 항상 아이를 위해 가장 좋은 상품을 찾고 있기 때문에 비교적 상품 조사에 오랜 시간을 투자하고 여러 상품들을 비교한 뒤 신중하게 구매를 결정한다. 이러한 패턴들을 고려할 때 블로그나 대형 카페, 카카오스토리 채널을 이용해 마케팅 활동을 전개하는 것이 좋다.

3단계 : 내가 다루기 쉽고 익숙한 채널은 어디인가?

처음 SNS를 접하는 경우라면 SNS 마케팅이 쉽지 않을 것이다. 마케팅 채널을 쉽게 다루는 것도 마케팅 효과를 높이는 데 중요한 요소가된다. 일단 본인이 직접 운영할 수 있고 편하게 다룰 수 있다면, 나중에마케팅 업무를 외주업체나 직원에게 맡기더라도 세부적인 내용을 꼼꼼하게 지시, 점검할 수 있다. 이는 자연스럽게 채널 활성화와 매출 증대로 연결된다.

2. 인스타그램에 맞는 상품군과 아이템 찾기

필자는 홍보 마케팅을 시작하기 전에 SWOT 분석과 함께 꼭 진행하는 절차가 있다. 바로 아래의 표를 만들어 보는 것이다. 필자가 직접 진행한 D그룹과 S카페 등의 마케팅 사례를 예로 들어 표를 정리해보았다.

	아이템 종류	홍보 목적	타깃 고객	타깃 연령대	전달 내용	형식
D그룹	교육 서비스	서비스 판매	학부모	40~50대	입시 정보	텍스트
S카페	커피	커피 및 매장 홍보	친구, 연인	20대	커피, 카페 홍보	사진
화용전점	자동 바	상품 판매	화물차 기사	40~70대	자동 바 종류	사진

D그룹과 S카페의 아이템은 각각 서비스와 상품으로 확연히 다르다. D그룹은 대입 컨설팅을 제공하는 회사다. 실제 사용자는 학생이지만 구매결정을 하고 구입을 하는 사람은 학부모이기 때문에 타깃 고객을 학부모로 상정했다. 학부모들에게 회사를 알리고자 전달할 정보는 입

시와 관련해 가장 필요한 정보를 제공하는 것이다.

입시 관련 회사들은 관련 자료를 영업 기밀로 여겨 외부에 공개하지 않는 경향이 있다. 하지만 필자는 최대한 많은 정보를 제공해 문의를 늘리고 이를 구매로 전환시켜 구매전환율을 높이는 전략을 취했다. 이 전략을 가장 효율적으로 사용할 수 있는 채널을 생각해보니 블로그였다. 블로그는 검색 키워드로 노출 되고, 학부모들이 쉽게 접할 수 있는 채널이기 때문이다.

게다가 한 번 정보를 축적해놓으면 언제든지 과거의 자료를 쉽게 찾아볼 수 있다는 장점이 있다. 이 회사의 블로그 마케팅을 약 1년간 꾸준히 진행한 결과, 해당 블로그를 입시 관련 키워드들로 블로그 카테고리에서 최상위에 노출시킬 수 있었다. 이에 따라 브랜드 가치를 높이는 동시에 문의 전화는 물론 구매전환도 많이 일으켜 좋은 성과를 올렸다.

S카페의 경우는 카페를 연 지 얼마 되지 않았고, 커피의 가격 또한 저렴한 편이 아니었다. 하지만 커피 맛이 좋고, 독특한 메뉴와 감성적인 인테리어들이 젊은 층에게 충분히 사랑을 받을 만 하다고 판단했다. 필자는 며칠 동안 카페에 방문해 이용 고객들을 살펴보았다. 전부 20대 초반의 여성들이었다. 게다가 자신을 꾸미고 사진을 찍는 고객들이 많았다. 다소 가격이 비싸더라도 예쁘게 연출된 공간에서 분위기를 구매하는 고객들이 있는 것이다.

필자는 여기서 아이디어를 얻어 인스타그램 마케팅을 진행하였다. 단순히 커피 사진만 업로드 한 것이 아니라, 카페 인테리어 사진을 올려 홍보를 시작했는데 생각보다 반응이 좋았다. 인스타그램의 사진을 보고 매장에 방문하는 고객들도 점차 늘기 시작해 이는 매출 증대로 이어졌다. 게다가 추후 인스타그램 DM으로 가맹점 문의를 받는 등 의미 있는 성과를 이루게 되었다.

마지막으로 필자가 직접 판매하고 있는 화물차 용품인 자동 바의 경우, 일단 구매층이 SNS를 잘 사용하지 않는 화물차 기사들이기 때문에 SNS 마케팅은 필요하지 않다고 판단했다. 또한 상품 특성상 상품에 대한 자세한 설명, 리뷰, 후기가 필요하지 않은 상품이기에 바로 오픈마켓 판매에만 집중하였다. 많은 판매량은 아니지만 오픈마켓의 상단 부분에 노출 돼 꾸준히 판매가 이뤄지고 있다. 이와 같이 제품에 대한 홍보가 필요 없는 상품군들은 바로 오픈마켓 판매에 주력하는 것도 방법이다.

이처럼 앞의 표를 활용해서 각자의 아이템을 분석한 뒤, 적합한 마케팅 채널을 선택하고 본인만의 마케팅 전략을 세워야 한다.

TIP

경쟁업체 또는 벤치마킹 할 업체들의 SNS 마케팅 사례를 먼저 살펴보면 본인의 홍보 채널을 찾는 데 도움이 될 것이다.

3. 상품판매 VS 브랜딩, 마케팅 목적은 무엇?

이제부터는 위 절차에 따라 마케팅 채널 중 인스타그램을 선택했다는 가정 아래, 본격적으로 인스타그램 마케팅을 전개하는 방법을 알아보겠다.

인스타그램 마케팅을 시작할 때는 상품을 판매할 것인지, 아니면 브랜딩을 할 것인지부터 생각해보아야 한다. 우선 한 가지 질문을 하겠다. 인스타그램은 판매에 적합한 채널인가? 질문을 받은 우리는 상식적인 수준에서 답할 수 있다. 그러나 어떠한 채널이 판매를 하기 위해 최소한으로 갖춰야 할 기능을 알아보면, ①결제 시스템 ②상품 상세 설명 ③CS Customer Service 즉 배송, 고객 상담, Q&A 등이 있다.

과연 앞서 언급한 기능 중 인스타그램이 갖춘 기능은 무엇인가? 냉정하게 말하면 없다. 그나마 최근 생긴 결제 시스템도 아직까지는 고객에게 충분한 편의를 제공하지 못하고 있다. 따라서 판매를 위한 채널로는 자사 쇼핑몰, G마켓, 옥션, 11번가, 네이버스토어팜 등 오픈마켓을 활용해야 한다.

그럼 인스타그램은 브랜딩에 적합한 채널일까? 당연히 그러하다. 인스타그램은 단순히 이용자들의 셀카나 브런치 사진을 올리기 위한 SNS가 아니다. 인스타그램 이용자 수가 5억 명을 돌파했고 이 가운데 25%는 1년 사이에 급증한 것으로 알려졌다. 인스타그램이 인기 있는 가장 큰 이유는 바로 이미지 때문이다.

인플루언서 Influencer, SNS에서 수십만 명의 팔로어를 보유한 SNS 유명인을 말함 들이 업로드 하는 셀카나, 보기만 해도 군침을 삼키게 만드는 음식 이미지에 반해 한 번쯤은 클릭해봤을 것이다. 그렇다. 인스타그램은 브랜딩 마케팅의 핵심인 비주얼로 승부하는 채널이다. 따라서 우리는 인스타그램을 브랜딩을 위한 채널로 사용해야 한다. 반드시 이점을 명심하자.

그럼 이쯤에서 당연히 생기는 궁금증 하나. 인스타그램 브랜딩은 어떻게 하는 것인가? 나에게 맞는 인스타그램 마케팅 전략은 무엇인가? 이에 대한 답은 우리가 아주 잘 아는 브랜드들 중, 인스타그램 브랜딩으로 성공한 크고 작은 브랜드들의 사례를 들어 세 가지 성공 원칙을 소개하고자 한다.

4. 인스타그램 마케팅 성공 원칙
① 정확한 고객 타깃팅

세계적인 청바지 브랜드 '리바이스'는 '지금 이 순간을 즐기자 living in the moment'라는 캐치프레이즈를 중심으로 광고 이미지를 제작해왔다. 과거 대중매체라 불리는 TV, 신문, 잡지 등에 광고를 실었던 리바이스는 어느덧 한계에 부딪혔다. 젊은이들 사이에 SPA라 불리는 저렴한 패션 브랜드들이 인기를 끌면서 어느새 올드한 이미지로 굳어지고 만 것이다.

이에 2010년대 이후 리바이스는 온라인 마케팅에 집중, 브랜딩을 개선하는 데 주력했다. 타깃 대상은 핵심 고객인 18세에서 34세의 남녀로, 패션 민감도가 높은 인스타그램 고객을 대상으로 집중 마케팅을 진행했다. 그 결과 광고 범위가 미국 내 740만 명에 이르게 되었으며, 광고 회상률 광고를 보고 난 뒤 광고 내용과 브랜드 등을 기억해내는 비율 또한 24포인트

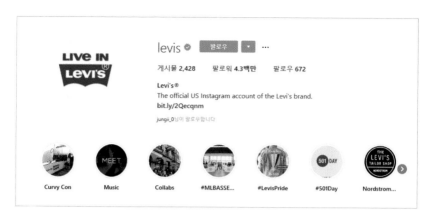

리바이스 인스타그램
www.instagram.com/p/BILLSNfhYNR/?taken-by=levis

증가했다. 일반적으로 광고 회상률이 두 자릿수 이상 증가할 경우 이는 초대박 광고라 한다. 그런데 리바이스 광고는 무려 광고 회상률이 24 포인트나 상승하는 놀라운 결과를 얻었다. 그럼 매출도 더불어 증가했을까? 매출 추이는 아래와 같다.

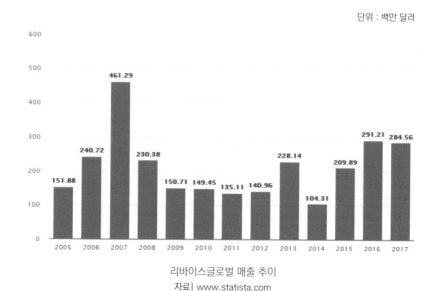

리바이스글로벌 매출 추이
자료| www.statista.com

리바이스가 본격적으로 인스타그램 마케팅을 실시한 2014년 이후, 리바이스 매출은 성장 추세다. 2014년 대비 2017년 매출은 약 260% 상승했다. 다양한 저가 브랜드와 명품의 대중화 추세 속에서 이뤄낸 성과이기에 더욱 괄목할만한 결과다. 좀 더 단적인 예를 들어보자면, 리바이스의 글로벌 경쟁사인 게스의 경우, 2014년부터 2017년까지 매년 마이너스 성장률을 기록하고 있다.

정확한 고객 타깃팅이란

필자가 마케팅을 진행했던 '스노잉카페' 역시 리바이스와 마찬가지로 정확한 타깃 설정 작업을 통해 성공한 대표적 사례다. 커피 시장은 그 성장속도에 비해 경쟁이 치열한 레드오션 시장이다. 소상공인 시장진흥공단 조사에 의하면 전국 카페 점포 수는 2016년 8만 6,811개에서 2017년 4월 기준으로 9만 1,818개로 9만 개를 돌파했다. '이러한 시장 환경에서 카페가 살아 남기 위해서는 어떤 전략이 필요할까'라는 고민 끝에 스노잉 카페의 강점인 '분위기'를 소구하는 브랜딩 및 마케팅 전략을 세웠다.

다음 도표를 보면 고객들은 맛, 거리, 가격 다음으로 카페의 분위기를 중요한 고려 요소로 여기고 있다. 따라서 고객의 니즈와 스노잉카페의 강점이 만나는 지점인 특별한 커피 사진과 감성적인 인테리어 이미지를 집중적으로 부각시켰다.

단위 : %(중복응답)

커피의 맛	65.2
가까운 곳	51.2
커피 가격	48.8
매장의 분위기	37.0
각종 할인 혜택	33.3
좌석의 안락함 또는 편안함	32.0
커피의 브랜드	29.3
다양한 커피 종류	24.8
포인트 적립가능 여부	22.1
커피 이외의 사이드 메뉴	18.5
매장 직원의 친절함	13.9
이벤트 행사여부	12.7
바리스타의 전문성	9.0
한정판매 아이템 상품	5.3

커피전문점 이용 시 주요 고려 요인
자료| '커피 소비자 설문조사', MNB 뉴스, 2017. 06. 21
주| 최근 3개월 커피전문점 방문 경험자 866명 대상

인테리어 이미지는 직접 촬영한 사진들과 리그램을 함께 활용하였다. 인테리어는 주로 직접 촬영한 사진을 중심으로 업로드 하였고, 리그램의 경우 인물사진을 함께 올려 채널의 사진들이 심심해 보이지 않도록 구성했다.

메뉴 사진은 단조로움을 피하기 위해 다양한 각도에서 촬영했다. 리그램의 경우 최대한 카페 사진에 집중하도록 출처 아이디를 모서리 부분에 배치하고, 아이디가 눈에 잘 안 띄도록 배경과 비슷한 색으로 처리했다.

그 결과 인스타그램을 활발히 이용하는 20대들 사이에서 리그램 등으로 빠르게 퍼져나갔다. 자연히 매장이 홍보돼 오픈 초기임에도 휴일에는 자리가 없을 정도였다. 이는 매출을 증대시키는 데 결정적 영향을 미쳤으며, 매장 방문객들이 인테리어와 메뉴 사진을 자신의 인스타그램에 업로드 해 2차적인 홍보 효과 또한 얻게 되었다.

육육걸즈 페이스북
www.facebook.com/283555121713212/photos/a.283567581711966/1202397786495603/?type=
3&theater

육육걸즈 인스타그램
www.instagram.com/p/BPOeTJdBgp1/

여기에 더해 스노잉카페는 온라인 여성의류 쇼핑몰 '육육걸즈'의 첫 번째 팝업 스토어로 선정되기도 했다. 육육걸즈는 10대 중후반에서 20대 초반의 66사이즈 여성의류를 판매하는 쇼핑몰로, 명확한 콘셉트와 타깃팅의 본보기로 유명한 쇼핑몰이다. 또한 가성비가 좋은 상품들과 사회 기부활동을 많이 하기로 잘 알려져 있다.

본 팝업 스토어 행사는 젊은 층이 좋아하는 공간에서 그들이 원하는 상품을 구매할 수 있도록 마련됐다. 따라서 이른 아침부터 줄을 길게 늘어설 만큼 대성공을 거뒀다.

육육걸즈 블로그
https://blog.naver.com/66girls_/220913580190

오전 10시!!

끝이 보이지 않는 대기줄*.*

저희가 예상했던, 기대했던 것보다

훨씬 많은 고객분들이 찾아와주셨어요T.T(감동)

정말 다시 한번 감사합니다♡

육육걸즈 블로그
https://blog.naver.com/66girls_/220913580190

5. 인스타그램 마케팅 성공 원칙
② 트렌디함

이번 장에서는 스포츠 브랜드 '뉴발란스' 사례로 트렌드를 활용한 브랜딩의 효과를 살펴보자. 뉴발란스는 2017년 11월 710억 원의 매출을 기록해 2008년 한국 시장에 진출한 이후 역대 최고의 월 매출을 기

뉴발란스 인스타그램
www.instagram.com/p/Ba8wQ-BjG7X/?taken-by=nblifestyle_kr

록했다. 업계 관계자에 따르면 주고객층을 저격한 상품 구색과 활발한 마케팅 활동이 매출 증대의 핵심 요소라 한다. 김연아를 모델로 여성 피트니스 시장을 공략하고, 적극적인 온라인 마케팅을 펼쳐 매출이 상승한 것이다.

뉴발란스는 스포츠 브랜드 중에서도 기능성보다는 '트렌디함'과 '패션성'에 초점을 맞춘 브랜드다. 이에 인스타그램 홍보를 가장 활발히 전개하고 있는 스포츠 브랜드 중 하나인데, 핵심 판매 채널 역시 트렌디한 상품만 모아놓은 온라인 편집숍 '무신사 스토어'로 지정함으로써 브랜드 이미지를 강화하고 있다. 이러한 일련의 과정들을 거쳐 뉴발란스는 한때 주춤했던 매출 곡선을 다시금 우상향 곡선으로 발전시켰다.

결국 뉴발란스 브랜드는 고객, 홍보 채널 그리고 판매 채널 모두 '트렌디함'이라는 브랜딩으로 통합시켜 최고의 효과를 냈다.

TIP

트렌드에 민감한 고객을 대상으로 마케팅을 벌일 때는 트렌디한 홍보 채널을 활용해 브랜딩하고, 트렌디한 판매 채널을 연계시켜야 한다.

트렌디한 이미지 컷으로 매출 증진

문패와 현판이란 상품은 다양한 고객군을 대상으로 한다. 그중에서도 '애프터텐이어'라는 회사는 트렌디하고 디자인성이 높은 현판을 원하는 고객에게 맞춤 제작, 판매하는 시장에 뛰어들었다. 해당 상품을 원하는 고객들이 인스타그램을 많이 이용한다는 특성을 파악한 후, 인스타그램 마케팅에 집중하였다.

애프터텐이어 인스타그램
www.instagram.com/after_10y

집을 예쁘게 꾸미고 싶어하는 사람들을 타깃으로, 호텔 도어 사인 상품을 인스타그램에 지속적으로 선보였다. 결과는 대성공이었다. 이 사

에프터텐이어 인스타그램
www.instagram.com/after_10y

진들은 사람들에게 자신의 집도 호텔처럼 예쁘게 꾸밀 수 있을 것이라는 환상을 갖게 하였고, 이것이 바로 구매를 촉진했다.

인스타그램 마케팅을 시작할 당시, 해당 상품들 도어 사인 및 현판 과 동일한 상품을 인스타그램에서 홍보하는 곳이 없었던 것 또한 성공의 한 요소였다. 한 가지 아쉬운 점이 있다면 바로 판매 채널이다. 인스타그램 메인 페이지에 스토어팜을 링크시켜 판매를 진행하고 있는데, 해당 브랜드와 어울리는 판매 채널을 좀 더 확보했다면 성장이 더욱 빨랐을 것이라 생각한다.

애프터텐이어 인스타그램
www.instagram.com/after_10y

현재 해당 업체와 유사한 현판 업체들도 인스타그램 마케팅을 진행하고 있는 중이다. 따라서 브랜딩 강화와 매출 증대를 위한 저변확대 방안으로 다양한 판매 채널 개발이 필요하다. 예를 들면 트렌디한 디자인 상품을 판매하는 '진바스'나 아이디어 소품을 판매하는 '텐바이텐'과 같은 채널을 활용해보는 것도 하나의 방법이 될 것이다.

이를 통해 우리는 브랜딩을 비롯한 모든 마케팅 활동의 근본적인 목적에 대해 다시 생각해볼 필요가 있다. 마케팅의 근본적인 목적은 바로 매출 증대다. 브랜딩을 통해 이미지를 제고하는 것도, 다양한 채널에서

진바스 쇼핑몰
www.jinvas.com

텐바이텐 쇼핑몰
www.10x10.co.kr

기업과 상품을 알리는 것도 모두 매출 향상이 목적인 것이다. 따라서 브랜딩에만 그치는 마케팅은 절반의 효과밖에 거둘 수 없다.

물론 앞서 사례로 들었던 리바이스라든지 대형 브랜드는 확실한 판매 채널이 존재하기 때문에, 브랜딩만으로도 매출 증진 효과를 거둘 수 있다. 하지만 중소기업 혹은 1인 기업의 경우, 마땅한 판매 채널을 확보하지 못한 상태에서 브랜딩에만 초점을 맞추는 것은 다소 무모하다. 따라서 소규모 브랜드가 브랜딩을 실시할 때는 반드시 적절한 판매 채널을 확보하고, 브랜딩 채널과 판매 채널 사이의 적절한 연계가 필요하다는 것을 명심해야 한다.

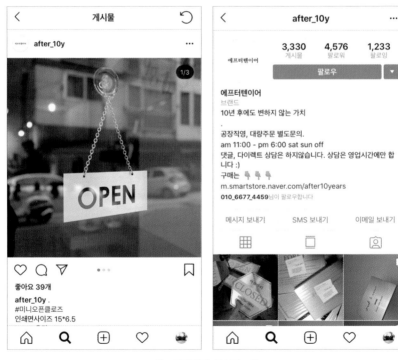

애프터텐이어 인스타그램
www.instagram.com/after_10y

6. 인스타그램 마케팅 성공 원칙
③ 셀럽 또는 고객을 모델로

셀럽을 이용한 인스타그램 홍보 마케팅

화장품 브랜드 'Katvondbeauty'를 통해 브랜드가 어떻게 유명인을 활용해 홍보할 수 있는지 살펴보겠다. 해당 브랜드는 타투 아티스트에서 메이크업 아티스트로 전향한 캣본디 kat von d 가 설립한 것으로, 워너버 연예인이나 셀럽 Celebrity의 줄임말로 유명인을 말함 들이 화장품을 사용해본 뒤 이를 인스타그램에 노출하는 방식으로 마케팅을 진행했다. 게시물별로 유튜브 링크를 통해 해당 상품의 튜토리얼 tutorial, 초심자를 위한 가이드 을 볼 수 있도록 했고, 캣본디와 직접 소통할 수 있어 고객들의 브랜드 친화력을 높였다.

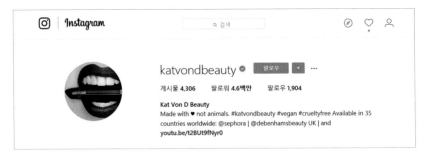

katvondbuaty 인스타그램
www.instagram.com/katvondbeauty/

Katvondbeauty는 두 가지 전략으로 인스타그램 마케팅을 전개해 브랜딩에 성공했다. 하나는 셀럽을 통한 브랜드 가치 상승 전략이다. 화장품은 다른 어떤 상품군보다 심미적이고 트렌디한 상품으로, 인스타그래머들의 주요 관심사 중 하나다. 이를 평소에 우상으로 생각하는 이들이 직접 사용하고 후기까지 남겼기에 보다 효과가 높았던 것이다.

두 번째 전략은 SNS를 고객과의 소통전략으로 활용한 것이다. SNS는 타 매체들과 달리 직접 소통할 수 있다는 것이 특징이다. 브랜드와 직접 소통한 경험이 있는 고객은 마음속 깊이 브랜드에 대한 특별한 인상을 갖게 될 것이고, 인스타그램을 통해 충성고객으로 발전할 가능성이 크다. 다른 마케팅보다 수고가 많이 들지만 소통을 통해 확실한 내 고객을 만들 수 있다는 점은 인스타그램 마케팅의 가장 큰 장점 중 하나임을 명심하자.

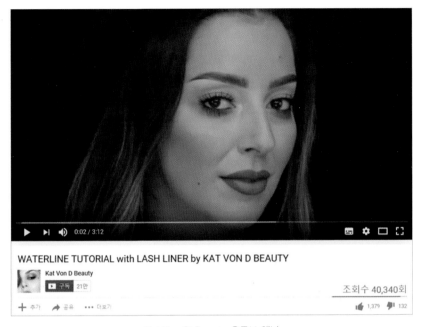

Kat Von D Beauty 유튜브 채널
www.youtube.com/watch?v=t2BUt9fNyr0&feature=youtu.be

셀럽 대신 고객을 광고판으로 활용하자!

일명 '박수진 원데이 클레스'로 유명한 'mypalette'는 인스타그램 리그램을 통해 성장한 대표적인 브랜드다. 인스타그램 계정 오픈 2달 만에 팔로어 4천 명을 확보한 이 회사의 인스타그램 마케팅 성공 비결은 고객이 그린 그림을 업로드 하거나 고객 인스타그램의 리그램을 통해 팔로어를 늘리는 것이었다.

마이팔레트 인스타그램
www.instagram.com/p/BVovp50A1K2/?taken-by=_mypalette

　　우리가 고급스러운 취미생활을 즐기는 이유는 누군가에게 보여줌으로써 만족감을 느끼게 되기 때문이기도 하다. 따라서 마이 팔레트는 방문한 고객에게 사전 동의를 구하고 취미를 즐기는 사진을 찍어주고, 이를 자신들의 인스타그램에 업로드 하는 전략을 취했다. 고객 입장에서는 전문가가 아무런 보상 없이 인생사진을 찍어주고, 게다가 팔로어가 많은 채널에 업로드까지 해주니 얼마나 만족스럽겠는가.

　　또한 마이 팔레트는 고객의 게시물을 리그램 함으로써 다양한 고객들의 인생사진을 노출시켰다. 이는 고객 입장에서도 흡족했겠지만, 마이 팔레트 입장에서 보면 '도랑치고 가재 잡은' 격이다. 셀럽을 섭외하기 어려운 소규모 브랜드에게 고객만큼 확실한 광고 모델은 없다. 특히 마이 팔레트에 방문하는 고객들은 분위기에 어울리도록, 혹은 인생사진을 건지기 위해 특별히 신경 써서 꾸미고 오는 경우가 많다. 따라서 이러한 고객의 사진을 업로드 하는 것 자체가 마이 팔레트 입장에서는 브랜딩에 큰 도움이 되었을 뿐 아니라, 이용 고객에게 소통이라는 가치까지 덤으로 전해줄 수 있었다.

이러한 전략을 독자 여러분들의 사업에도 적용할 필요가 있다. 소규모 사업자에게 광고 모델 혹은 셀럽 섭외는 남의 일이다. 하지만 브랜드 이미지에 맞는 고객을 찾는 것은 그보다 훨씬 수월할 것이다. 약간의 수고와 노력이 들어가더라도 고객의 아름다운 모습을 업로드 하거나 리그램 하는 것은 결국 팔로어를 늘리고 브랜드를 알리는 가장 확실한 방법 중 하나다.

Part 5.
다양한 분야에 적용되는
인스타그램 마케팅

1. 반려동물 키우기

반려동물 국내 시장 2020년 약 6조 원까지 성장 전망

　농협경제연구소는 2020년까지 반려동물 관련 시장의 연간 규모가 5조 8,100억 원이 될 것이라고 발표했다. 이와 같이 반려동물 시장이 급격히 성장하는 배경은 반려동물을 가족으로 여기는 이른바 '펫팸족'의 증가와 급격한 고령화 및 1인 가구 증가 때문이라 할 수 있다. 이 중

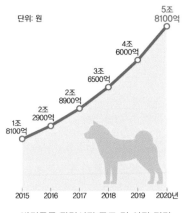

반려동물 관련시장 규모 및 성장 전망
자료ㅣ농협경제연구소

에서 펫팸족은 반려동물을 단순히 애완동물로 생각하는 것이 아니라 가족 구성원으로 생각하고 보살피는 이들을 말하는데, 이들을 위한 상품들 또한 점차 늘고 있는 추세다. 심지어 최근에는 화장터, 납골당까지 등장했다.

반려동물 해외시장 성장세

반려동물 시장은 해외에서도 지속적으로 크게 성장하고 있다. 가까운 나라인 중국의 경우 최근 반려동물의 수가 1억 마리를 넘었다고 한다. 또한 대한무역투자진흥공사 KOTRA 의 오스트리아 빈 무역관에 따르면 2016년 말 기준 반려견 70만 마리, 반려묘 160만 마리가 오스트리아에 있는 것으로 파악됐다. 이처럼 펫산업은 비단 한국뿐만 아니라 전 세계적으로 성장하고 있는 추세다.

이러한 펫산업의 성장으로 인해 우리나라에서도 반려동물에 대한 관심과 관련 용품 소비가 크게 증가하고 있다. 이에 따라 반려동물 용품을 홍보하는 SNS 마케팅 또한 뜨거워지고 있다. 이 중 필자가 개인적으로 좋아하는 브랜드의 인스타그램 마케팅 전략을 살펴보겠다.

반려견 브랜드 '에필즈'

브랜드 '에필즈'는 반려동물의 옷과 줄^{하네스}을 만들어 판매하는 곳으로 인스타그램에는 주로 반려동물이 직접 옷과 줄을 착용한 사진들을 업로드 하고 있다. 이를 통해 간접적으로 신상품을 홍보하는 방식으로 마케팅을 진행하고 있다. 특히 '봉구'와 '봉만'이라는 강아지들은 브랜드 인스타그램 초창기부터 계속 등장했기 때문에 보는 이들로 하여금 친근감과 공감을 자아낸다. 필자는 이 부분이 에필즈 인스타그램 마케팅 전략의 성공 요인 중 하나라고 생각한다.

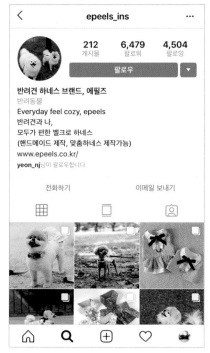

이제까지 반려동물 시장의 성장과 관련 브랜드 인스타그램 홍보방법에 대해 알아보았다면, 이번에는 개인 계정의 반려동물 인스타그램 성격 및 홍보방법을 알아보겠다.

콩이네 '콩캣'

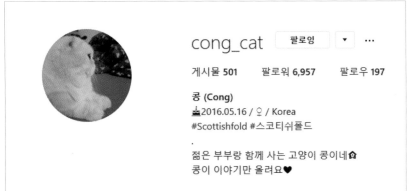

인스타그램 콩캣 cong_cat 은 필자의 사촌 동생이 운영하는 계정이기에 초기부터 어떠한 전략으로 성장해왔는지 자세히 알 수 있었다. 사촌 동생은 고양이를 키우고 싶었으나, 이러 저런 이유로 인해 고양이 인스타그램들을 팔로우만 하는 랜선 집사 인터넷 망과 컴퓨터를 연결해주는 랜선과 동물을 키우는 주인을 집사에 빗대 합성된 신조어 였다.

이후 집에서 독립을 하게 되면서 그토록 원하던 반려묘 사람과 더불어 사는 동물이라는 반려에 고양이를 뜻하는 묘자를 합친 말 콩이를 입양하게 되었다. 입양과 동시에 고민 없이 콩이의 인스타그램을 시작하게 되었는데, 그 이유는 크게 두 가지였다.

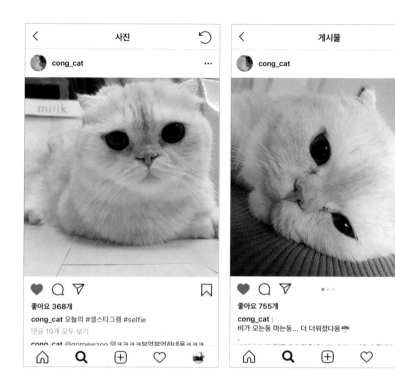

육묘의 대리만족

첫 번째는 고양이를 너무나 좋아하지만 현실적인 문제로 실제 키울 수 없는 랜선 집사들의 심정을 잘 알고 있기에, 그들에게 눈팅의 대리만족 즐거움을 주고 싶어서였다.

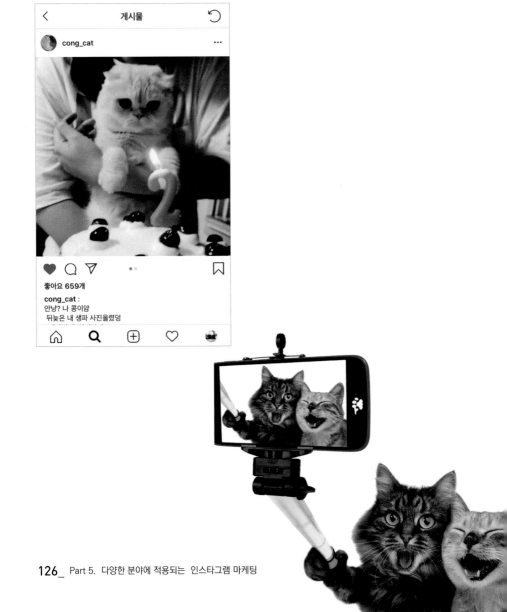

육묘 일기로 활용

두 번째 이유는 반려묘 콩이의 육묘일기를 잘 기록해두고 싶어서였다. 반려묘, 반려견들의 수명은 알다시피 사람에 비해 매우 짧다. 그래서 함께하는 하루 하루를 매일의 일기로 잘 남기고 싶었던 것이다.

콩캣 인스타그램의 세 가지 포인트

첫 번째 포인트는 고양이가 직접 인스타그램을 하는 것처럼 연출한 점이다. 콩캣의 가장 두드러진 특징은 고양이가 직접 인스타그램을 하는 것처럼 고양이의 1인칭 시점으로 글과 사진을 업로드 하는 것이다.

예를 들면 다음과 같다.

그림 1   그림 2   그림 3

그림 1 고양이가 허탈함을 표현하는 모습

그림 2 자기 몸집보다 작은 바구니에 들어가고 싶어하는 모습

그림 3 고양이가 혼자 TV를 보는 모습

둘째, 다양한 모습의 사진과 동영상을 업로드 한다. 고양이가 손을 내미는 모습, 콩이나 풀을 뜯어먹는 모습, 동그랗게 허리를 말고 있는 모습 등 일상에서의 모습들을 모두 담아 꾸준히 올리고 있다. 또한 랜선 집사와 지속적인 소통을 위해 사진과 동영상을 적절하게 섞어서 업로드를 하는 것 또한 하나의 포인트다. 왜냐면 사진을 선호해 동영상을 끝까지 보지 않는 사람들도 있고, 영상만 보는 사람들도 있기 때문이다.

셋째, 텍스트는 재미있게 구성한다. 인스타그램은 사진과 영상 중심이기 때문에 간략한 글이라도 재미있게 올리면 다른 인스타그래머들과 즐거운 소통을 할 수 있다.

소통에 최적화된 인스타그램 비즈니스 계정

비즈니스 계정이라고 하면 당연히 일반적으로 상업적 목적으로만 사용할 것이라고 생각한다. 그러나 비즈니스 계정을 개인용으로 활용하는 사람들이 점차 늘고 있다. 이는 비즈니스 계정에만 있는 '인사이트 기능'을 활용하고자 하는 사람들이 늘고 있기 때문이다.

콩캣 계정 또한 개인 계정에서 비즈니스 계정으로 전환한 케이스다. 비즈니스의 인사이트 항목을 통해 자신의 어떤 게시물이 인기가 많은 지, 얼마나 노출이 많이 되었는지 등 세부 내역을 파악할 수 있다. 이는 자신만의 콘텐츠 및 브랜딩을 만들어 감에 있어 중요한 요소로 작용하기도 한다.

DM을 통한 협찬

셀럽뿐만 아니라 팔로어 수가 많은 개인 인스타그래머들에게도 많은 회사들이 상품 광고 및 협찬을 제안한다. 콩캣의 계정 또한 인스타그램 DM을 통해 여러 제안을 받아왔다.

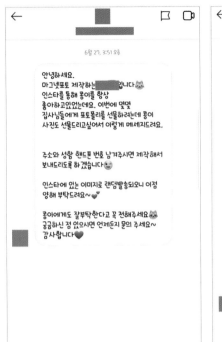

이러한 제안을 받을 때 한가지 주의할 점이 있다. 개인이 그동안 소통을 하며 신뢰를 쌓아온 소위 인친인스타그램 팔로어들을 말함 들에게 거짓 혹은 과대광고를 해 신뢰를 잃어버려서는 안 된다는 것이다.

위에 소개한 콩캣의 계정주 또한 본인이 만든 피드가 협찬으로 인해 홍보의 장으로 활용되지 않도록 작성에 주의를 기울이고 있다. 제품에 대한 리뷰를 하더라도 그 글로 인해 누군가가 구매할 수도 있기 때문에 거짓으로 글을 쓰지 않았다. 솔직한 리뷰를 남길 수 있는 제품 그리고 반려묘의 건강을 해치지 않는 제품 위주로만 몇 가지 협찬을 받았다. 앞으로도 협찬은 신중하게 받을 예정이라고 한다.

2. 인테리어 노하우 공유

인테리어 인스타그램 하면 흔히들 인테리어 회사의 공식 계정을 생각할 것이다. 하지만 이번에 소개할 인스타그램은 개인 계정을 통해 성공적으로 인테리어 인스타그램을 운영하고 있는 사례를 소개하고자 한다. 그 주인공은 바로 많은 사람들이 이미 알고 있는 정은주 디자이너다. 〈디자이너 정은주의 집〉의 저자이기도 한 그녀는 인스타그램을 통해 활동의 영역을 다양하게 넓혀가고 있다.

interior_style3370 팔로잉 ▼ ⋯

게시물 2,723   팔로워 45.1천   팔로우 500

인테리어디자이너정은주 Jung Eunjoo
#인테리어디자이너 #Interiordesigner #WebEditor #LifestyleDirector ①서울시 강남구
도산대로 26길 31 1F email:style3370@naver.com
goo.gl/forms/A6rrm5o9Rn9rW57I2

zhyyun, jjhlovely, no_uturn님 외 3명이 팔로우합니다

CASSINA

B&B

MilanDesig...

Molteni & C

필자는 2년 전 블로그를 통해 처음 정은주 디자이너를 알게 되었는데, 꾸밈없는 솔직 담백한 말투로 인테리어 노하우를 알려주는 것이 인상 깊었다. 이러한 그녀만의 매력이 인스타그램에도 고스란히 담겨있어 많은 팔로어들에게 공감과 사랑을 받고 있다.

그럼 이제 본론으로 돌아가 개인 계정으로 인테리어 디자인 인스타그램을 운영하는 노하우를 알아보겠다.

인테리어 노하우 공유

일반적인 인테리어 인스타그램들은 주로 완공 사진이나 비포&애프터 사진 위주로 피드를 많이 올린다. 하지만 정은주 디자이너 계정의 피드들은 사진마다 설계자의 의도나 포인트들을 가볍게 하나씩 알려준다. 이러한 정보들 때문에 한번 이 인스타그램을 본 사람들은 다음 정보들에 대한 궁금증으로 팔로어가 되고, 지속적으로 그녀의 사진과 글을 보게 된다.

사진 한 장으로 상상하게 만들기

사진에 담긴 에피소드를 재미있게 적어 놓음으로써 보는 이들의 공감을 일으키고 친근감을 갖게 한다. 예를 들면 다음과 같다.

"실제 저희가 사무실에서 사용하고 있는 (…) 커피 코너 겸 간단한 스낵 정도

를 해결하고 몇 개의 그릇을 씻을
수 있는 스몰 사이즈 오픈 주방이
에요. 싱크볼을 상담 테이블에서
보이게 꼭 하셔야 겠냐고 하던 직
원님께서 가장 많이 이용하시는 코
너이기도 해요! 디자이너가 자신이
디자인한 공간과 가구, 수납형태등
을 직접 체험하는 건 꼭! 필요하고
의미있는 일이에요~"

이 글을 읽으면 마치 내가 그
공간에서 차 한 잔을 마시며 얘

기를 나누고 있는 것 같은 착각을 일으키게 된다. 이러한 친근감은 바로 개인 계정이기 때문에 가능한 일이라고 생각한다.

예쁜 소품 소개

인테리어에 관심이 있는 사람들이라면 누구나 소품에 많은 관심을 갖고 있을 것이다. 타일과 조명만 잘 사용해도 느낌 있는 공간을 만들 수 있기 때문이다. 가끔 예쁘고 유니크한 소품들도 인스타그램을 통해 소개하고 있다. 이를 보고 있노라면 소품을 구매하지 않았음에도 왠지 좋은 정보를 얻게 된 듯 뿌듯함을 느끼게 된다.

진솔한 일상이 공감을 이끌어 낸다

SNS를 비즈니스의 연장선으로 사용하는 많은 분들의 공통적인 고민 중 하나는 바로 일상 공개에 관한 것이다. 세계적으로 유명한 셀럽들도 SNS를 통해 그들의 일상을 공유하곤 한다. 하지만 자칫 잘못하면 사생활 침해 및 정보 누출로 인한 피해가 발생할 수 있기 때문에 계정 관리자들은 일상 공유의 수위를 조절할 필요가 있다.

정은주 디자이너의 인스타그램을 살펴보면 이러한 부분이 잘 정리돼 있다. 인테리어 비즈니스에 관련된 강연과 미팅 그리고 인테리어와 관

련된 방문 등이 피드에 올라온다. 이미 인테리어 전문가이지만, 이러한 피드들이 그녀를 더욱 전문가로 보이게 한다.

3. 유튜브 채널 홍보

　이번에는 176만 구독자를 소유한 요리계의 유명 유튜버인 Almazan_kitchen의 사례를 한번 살펴보자. Almazan_kitchen은 야외에서 최소한의 조리 도구로 요리하는 모습을 영상으로 담아 유튜브에 업로드 한다. 특징은 요리 과정 전체를 특별한 자막이나 멘트, 배경음악도 없이 '자연 그대로의 모습'을 담아 그야말로 운치 있는 영상을 만들어 내는 점이다.

Almazan 채널은 유튜브의 인기에 머무르지 않고 나아가 인스타그램을 홍보채널로 활용하고 있다. 콘텐츠들은 유튜브 용으로 제작된 영상을 1분 짜리 영상으로 재편집해 사용한다.

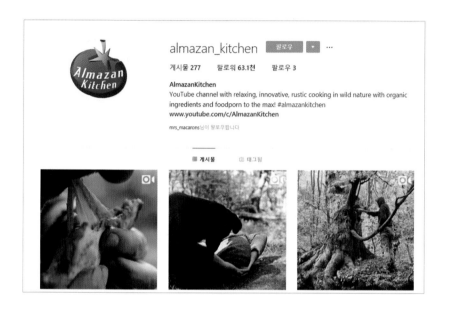

인스타그램에서 이러한 영상들을 재미있게 본 사람들이라면 자연히 유튜브 채널의 영상들을 찾아 보게 되고, 이는 유튜브 영상의 조회 수와 채널 구독자를 늘리는 데 한 몫하고 있다.

4. 소모임 운영

인스타그램은 사진 기반 SNS이기 때문에 인스타그램 마케팅이라 하면 우리는 보통 제품과 공간에 대해서만 생각하게 된다. 하지만 '쿱'이라는 커뮤니티는 우리의 이러한 편견을 여실히 깨준다. 독서 모임을 주관하는 북클럽 쿱은 책 판매나 공간 임대가 아니라 사람들이 모여 책을 함께 읽는 서비스를 제공한다.

독서 모임? 그거 왜 하지?

여기서 잠깐! 독서 모임의 가치와 존재 여부에 대해 궁금증을 갖고 있는 독자들을 위해 잠깐 설명을 하고 넘어가자. 독서 모임이라는 것 자체가 다소 생소할 수 있다. 또한 '독서를 하려면 혼자 조용히 해야지 왜 모여서 독서를 하나!'라고 생각하는 독자도 있을 수 있다.

독서 모임은 단순히 모여 책만 읽는 것이 아니라, 책에 대한 다양한 시각으로 토론을 할 수 있는 일종의 토론 모임이라고 볼 수 있다. 다양한 사람들이 다양한 환경에서 삶을 살아오며 느끼고 배운 생각들이 의견에 묻어나기 때문에, 의견들을 주고 받다 보면 평소에 자신이 생각하지 못한 것들을 깨닫게 되는 경우가 많다.

필자는 대학교 방학 시절 지인과 함께 서울 광장시장 직물점에서 직물 재단 아르바이트를 한 적이 있다. 이 때 주위를 둘러보며 건축물의 생김새가 기존 건축물과 다르다는 것을 알게 되었고, 이를 지인에게 얘기했다. "여기 건물들이 다닥다닥 붙어있네! 이렇게 지어놓으면 건축법에 위배되는 거 아닌가?" 그러자 지인이 하는 말 "넌 그런걸 보았구나, 난 여기 천장의 공조 시스템이 희한하게 구성돼 있어서 왜 그런가 한참 생각했는데."

지인의 전공은 기계였고 필자의 전공은 구조공학이었기에 같은 공간에서 같은 일을 하면서도 서로 다른 생각을 하게 된 것이다.

책도 마찬가지다. 같은 책을 읽어도 사람에 따라 해석하는 방법이 다르기 때문에 독서토론을 하고 나면 서로의 사고가 열리는 긍정적 효과를 가져온다. 그래서 사람들은 소규모 독서 모임을 선호하는 것이다.

모임의 마케팅 방법은?

그럼 다시 본문으로 돌아가 북클럽 쿱의 마케팅 방법에 대해 알아보자. 쿱은 홍대 아지트에서 매일 독서 모임을 진행한다. 이런 독서 모임이 진행될 때마다 사진을 찍어 블로그와 인스타그램에 업로드 하는 방법으로 홍보 마케팅을 진행한다. 이 방법은 콘텐츠를 생산하는 데 별도의 비용과 많은 작업이 필요하지 않기 때문에 소규모 모임을 홍보하는 방법으로 아주 훌륭하다.

5. 중고차 판매

국내 중고차 시장은 지속적으로 성장하고 있다. 하지만 아직도 많은 이들이 중고차에 대해 곱지 않은 시각을 갖고 있다. 이는 그간 허위매물 등으로 골치를 앓은 사람들을 많이 보아왔기 때문이기도 하다. 이런 소비자의 심리를 잘 파악한 국내 한 대기업은 '직영점 판매'라는 슬로건을 앞세워 판매 마케팅을 진행해 성공했다.

그 밖에 중고차 판매 딜러로서 성공한 사례를 찾아보면 '차파는누나'를 꼽을 수 있다. 이 회사는 꾸준한 SNS 마케팅을 통해 소비자들로부터 신뢰를 받고 지속적으로 성장해가고 있다. 이들의 SNS 마케팅 중 인스타그램 전략을 한번 살펴보자.

'차파는누나' 판매 마케팅 전략

'차파는누나'의 오영아 대표는 인스타그램을 두 개로 나누어 관리한다. 하나는 개인 계정이고, 다른 하나는 회사의 공식 계정이다. 이 두 계정 중 많은 이들에게 사랑 받는 계정은 단연 개인 계정이다. 개인 계정에는 차량 사진들뿐만 아니라 그녀의 일상사진들이 함께 업로드 되기 때문에 보는 즐거움이 더 크다.

'차파는누나' 오영아 대표의 인스타그램을 보면 크게 두 가지 형태의

사진들이 피드에 올라온다. 첫 번째는 다양하고 재미있는 일상 사진들이다. 자신의 모습이 담긴 사진들은 보는 사람들로 하여금 딜러^{판매자}에게 강한 신뢰감을 갖게 한다. 이렇게 자신의 모습을 공개함으로써 판매자는 구매자에게 문제가 있는 차량은 판매하지 않을 것이라는 좋은 선입견을 갖게 한다.

두 번째는 실제 판매하는, 그리고 판매된 차량과 구매자들과 함께 찍은 인증 사진들이 올라온다. 필자는 이 방법이 가장 확실한 마케팅 방법 중 하나라고 생각한다. 이러한 콘텐츠들이 많아질수록 소비자들은 더욱 판매자를 신뢰하게 되는 선순환 구조가 만들어지기 때문이다.

　실제 판매하는 차량에 대해서는 주행거리 등 대략적인 정보만 올려 놓는다. 소비자들은 차의 세부적인 상태나 가격이 궁금할 텐데 이러한 내용을 알려면 전화로 문의해야 한다. 너무 많은 정보를 제공하면 불필요한 간섭들이 많아지게 되는 것을 방지하기 위한 안전장치가 아닐까 생각된다.

6. 프리랜서의 포트폴리오

  모든 일을 기업에서 담당했던 과거와 달리 이젠 프로젝트로 사람들이 모이고 흩어지는 시대가 되었다. 프리랜서들의 대항해 시대라고 말할 수도 있는데, 필자는 그 이유 중의 하나를 바로 어려워진 경기 때문이라고 생각한다. 경제가 어려워짐에 따라 기업은 위험요소를 줄이기 위해 고용 지출을 억제하는 한편, 대안으로는 프로젝트를 위한 프리랜서를 고용하고 있다.

  이에 따라 분야별 전문가 집단인 프리랜서 시장이 커지게 되었다. 효율을 중시하는 젊은 층들이 프리랜서 시장에 대거 진출하는 것 또한 시장이 커지는 데 한 몫했다고 생각한다. 앞으로 프리랜서 층은 더욱 두터워질 것으로 예상된다. 그렇다면 프리랜서들은 어떠한 전략으로 시장에서 홍보를 해야 할지 알아보자.

퍼스널 브랜딩 작업

분야별로 차이가 많이 있겠지만, 일반적인 프리랜서들은 기존에 일하던 회사 또는 일할 때 알게 되었던 거래처 및 사람들로부터 일을 받아 시작하기 마련이다. 하지만 시간이 갈수록 일은 줄어들고 자연히 프리랜서로서의 첫 번째 위기를 맞게 된다. 이것은 마치 음식점을 처음 개장했을 때 지인들의 방문으로 호황을 이루다가 개점발이 끝나면 매출이 떨어지는 것과 같다고 할 수 있다. 그래서 프리랜서들은 이러한 위협 요인을 방지하기 위해 퍼스널 브랜딩 자신을 브랜드화 하여 특정 분야에 대해서 먼저 자신을 떠올릴 수 있도록 만드는 과정을 말함 구축에 많은 시간과 노력을 쏟아야 한다.

프리랜서 아나운서 '코스모지나'

이번 사례는 인스타그램과 유튜브 영상, 그리고 이제 책까지 출간해
다양한 분야로 자신의 영역을 넓혀나가고 있는 프리랜서 아나운서 코
스모지나의 인스타그램 마케팅 사례다.

코스모지나 성진아 는 프리랜서로 활동하고 있는 아나운서다. 그녀의 퍼스널 브랜딩 전략은 인스타그램에 자신의 일상과 활동에 대한 사진을 지속적으로 업로드 하는 것인데, 인스타그램을 자신의 홍보 채널이자 포트폴리오로 사용하는 것이다. 각종 행사의 MC뿐만 아니라 회사와의 콜라보레이션 작업, 모델 그리고 자신의 유튜브 채널 홍보까지 다양한 방법으로 채널을 활용하고 있다.

7. 주문제작 상품 판매

　'위드유케이크'는 주문제작 케이크를 판매하는 회사다. 이 회사는 캐리커처 케이크로 인스타그램에서 인기몰이를 하고 있다. 팔로어가 아주 많거나 공감을 많이 받는 채널은 아니지만, 상품 자체가 양산제품이 아닌 1:1 주문제작 상품인 것을 고려해 보았을 때, 이 채널은 아주 훌륭하게 마케팅을 잘 하고 있다고 생각한다.

withyou.cake　　팔로잉　▾　…

게시물 2,150　　　팔로워 3,569　　　팔로우 1,284

위드유케이크
✂︎디자인케이크 정규반 운영 중!
광안리 수제디저트 & 카페
#캐리커쳐케이크 #인물케이크

.#부산수제케이크 #광안리케이크
케이크 주문 전 블로그 확인해주세요🙂
[카톡: withyoucake]

❤️❤️❤️꼬옥 읽어주시고 주문부탁드려요♡
디자인케이크 주문방법 ❗❗❗
m.blog.naver.com/PostView.nhn?blogId=withyou_cake&logNo=220897718314

san_could님이 팔로우합니다

위드유케이크의 마케팅은 타 업체들과 마찬가지로 고객의 상품을 제작한 후 인스타그램에 업로드 하는 방식으로 진행된다. 이 방법의 장점은 지속적으로 레퍼런스를 쌓을 수 있다는 점과 별도의 콘텐츠 제작 품이 들지 않는다는 것인데, 사업자 입장에서 이 두 가지만 보더라고 커다란 이득이 아닐 수 없다.

재미있는 문구와 캐리커처로 인기몰이

위드유케이크 인스타그램의 또 다른 성공 포인트는 바로 재미있는 문구와 캐리커처 디자인이다. 기존 주문제작 케이크는 레터링 위주의 상품이 많았기에 특별한 차별성이 없었다. 하지만 이 케이크는 주문자별로 각기 다른 캐리커처와 재미있는 문구들을 새겨 넣어 보는 이들로 하여금 다음 작품을 기대하게 만든다. 자신의 상품이 주문제작 상품이라면 이러한 방법으로 업로드를 하되 한 가지 더 자기만의 차별화 콘셉트를 추가해 진행해볼 것을 추천한다.

부록.

인스타그램 활용에
유용한 애플리케이션들

⭕ Layout from Instagram

여러 장의 사진을 한 장으로 편집할 수 있는 애플리케이션이다.

먼저 ①번처럼 앱스토어나 플레이스토어에서 애플리케이션을 다운로드 받자. 받은 애플리케이션을 실행하면, ②번처럼 사용설명이 나온다. 설명처럼 먼저 자신이 찍은 사진들을 선택한다. 사진 상으로는 확인하기 어렵지만, ③번과 같은 형태에서 사진을 끌어 사진의 순서를 바꿀 수 있고, 편집을 통해 사진의 상하좌우도 전환할 수 있다.

①

②

③

아래 ④번 사진의 가운데를 보면 파란 줄이 보이는데 레이아웃 애플리케이션에서는 이를 '핸들'이라 부른다. 핸들은 사진별 크기를 조절해 어떤 사진은 작게, 어떤 사진은 크게 변형할 수 있는 기능이다. 끝으로 레이아웃 애플리케이션은 ⑤번처럼 'PHOTO BOOTH'라는 기능을 갖고 있다. 이를 누르면 ⑥번처럼 직접 셀카를 찍을 수 있다.

④   ⑤   ⑥

Hyperlapse from Instagram

이는 동영상 편집 애플리케이션으로 자동차, 자전거 등으로 이동하면서 촬영을 할 수 있게 도와준다. 애플리케이션을 실행하면 ②번과 ③번과 같이 사용설명이 나온다. 사진처럼 보이지만 실제 실행해보면 동영상이 재생된다.

애플리케이션을 실행하면 ④번 화면이 나온다. 일반적인 카메라의 동영상 촬영과 비슷한 느낌이다. 몇 초간 동영상을 촬영하고 나면, ⑤번 화면이 나온다. 화면 밑을 보면 '6X'라는 표시가 있는데, 이는 사진의 속도를 의미한다.

쉽게 설명하자면, 이 애플리케이션은 인터넷 상에서 흔히 말하는 '움짤'을 만드는 애플리케이션으로, 사진의 움직임 속도를 조절할 수 있다. 속도는 최대 12배속까지 조절할 수 있다. 마지막으로 모든 작업을 마쳤다면, ⑥번처럼 공유하면 된다.

④ ⑤ ⑥

 B612

사진에 몇 가지 이모티콘이나 효과를 추가할 수 있는 애플리케이션이다. 국내에서도 제법 잘 알려진 애플리케이션으로 굉장히 많은 인스타그램 유저들이 사용하고 있다. ②번 화면은 이미 접해본 사람들이 많을 것이다. 사진에 여러 가지 효과들을 입힐 수 있는데, 최근 유행하고 있는 고양이 수염이나 리본과 같은 효과들을 적용할 수 있다. 이런 사진들을 모아 4개의 모습으로 편집할 수 있다. 특이하게도 B612는 페이스북 및 라인과 연동할 수 있는데, SNS 친구들을 추가하고 초대해 채팅도 할 수 있다.

①

②

⬛ Beautyplus

모바일 포토샵 같은 애플리케이션으로, 여러 가지 보정 기능을 활용해 사진을 수정할 수 있다. 예를 들어 ②번 화면을 자세히 보면 여러 효과들이 나온다. 눈의 크기를 키우거나 잡티를 제거하는 등 포토샵 기능을 사용하기 쉽게 만들어 놨다. 이외에도 다른 사진 애플리케이션에 있는 기본적인 기능들과 가벼운 낙서 기능도 있다. 이 애플리케이션의 특징이라면 무엇보다 사용이 간편하고 쉽다는 점이다.

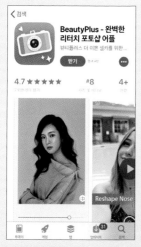

①   ②   ③

 Moldiv

종합적인 사진 편집이 가능한 애플리케이션이다. 다른 애플리케이션들에 있는 기능들을 대부분 수록하고 있다. 그래서 기능이 많은 편이라 오히려 카메라 관련 애플리케이션을 사용하는 사람들에게는 복잡하게 느껴질 수 있다. 사진 관련 애플리케이션들을 여러 개 사용해봤고, 다수의 애플리케이션을 사용하기보다 모든 기능이 통합된 한 개의 애플리케이션을 사용하고 싶은 이들에게 추천해 줄 수 있는 애플리케이션이다.

①   ②   ③

◉ Camera360

　가볍고 사용하기 쉬운 보정 애플리케이션으로, 초보자들도 쉽게 사용할 수 있어 실사용자가 많은 편이다. 정교하게 사용하기에는 부적합하지만 간단한 보정을 원할 때는 추천할 만한 애플리케이션이다. 구체적으로 살펴보자면, 다양한 필터들이 있는데 노래가 나오거나 미션을 제시한 뒤 사진을 유도하는 경우도 있다. '여신'이란 필터를 선택하면 따로 조작을 하지 않아도 알아서 보정을 해준다.

　미션에 대해서 예를 들자면, 최근엔 '첼린지'라고도 하는데 '윙크해 보세요', '입을 벌려보세요' 같은 미션이 제시된다. 이런 콘셉트로 사진을 촬영한 뒤 다른 사람들과 투표로 경쟁을 한다.

①

②

③

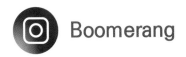

Boomerang

앞서 설명했던 부메랑 애플리케이션이다. 간단히 말해 사진을 찍은 후 즉석에서 움짤로 만들어주는 애플리케이션이라 생각하면 된다. 사실 사용방법은 설명할 게 없을 정도로 간단하다. 애플리케이션을 실행하면 ②번과 같이 사진촬영 기능이 활성화돼 연속으로 사진을 촬영한다. 그리고 잠시 후, 움직이는 사진을 결과물로 볼 수 있다. 이를 인스타그램이나 페이스북, 카카오톡과 같은 SNS에 공유하면 된다.

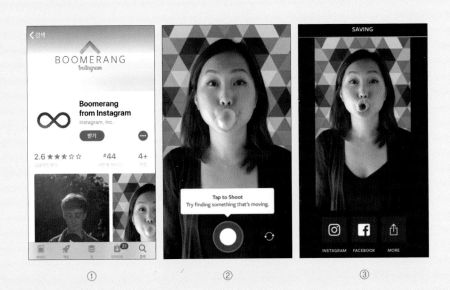

 # Everfilter

사진을 애니메이션으로 바꿔주는 애플리케이션이다. 특별한 사용법은 없고, 원하는 사진을 고르면 자동으로 애니메이션처럼 바꿔주고 SNS에 공유할 수 있다. ②번과 ③번을 보면 이해하기 쉬울 텐데, 사진첩에 있는 사진을 고르면, 자동으로 애니메이션으로 전환된다.

① ② ③

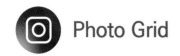

Photo Grid

여러 장의 사진들을 콜라주로 만들어주는 애플리케이션이다. ③번 하단의 메뉴처럼 다양한 구도로 사진을 결합할 수 있다. 미국계 애플리케이션이다 보니 특이한 기능들이 많다. 예를 들어 ③번과 같이 자막을 넣어 짤방을 만드는 'meme' 기능이 있다. 이런 류의 사진 제작을 좋아하는 사람이라면, 매우 유용한 애플리케이션이 될 것이다.

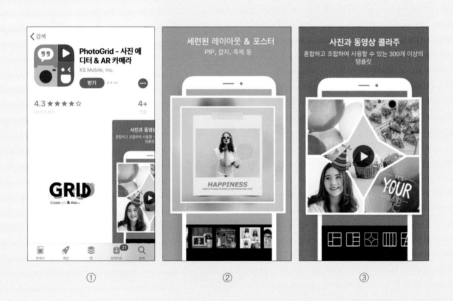

①   ②   ③

Instagram Apps